König Athelstan

**Ein Drama in fünf Akten
über Mutter Erde, Liebe, Magie
und die Suche nach dem eigenen Weg**

Bücher von Harry Eilenstein:

- Astrologie (496 S.)
- Photo-Astrologie (64 S.)
- Tarot (104 S.)
- Handbuch für Zauberlehrlinge (408 S.)
- Physik und Magie (184 S.)
- Der Lebenskraftkörper (230 S.)
- Die Chakren (100 S.)
- Meditation (140 S.)
- Drachenfeuer (124 S.)
- Krafttiere – Tiergöttinnen – Tiertänze (112 S.)
- Schwitzhütten (524 S.)
- Totempfähle (440 S.)
- Muttergöttin und Schamanen (168 S.)
- Göbekli Tepe (472 S.)
- Hathor und Re:
    - Band 1: Götter und Mythen im Alten Ägypten (432 S.)
    - Band 2: Die altägyptische Religion – Ursprünge, Kult und Magie (396 S.)
- Isis (508 S.)
- Die Entwicklung der indogermanischen Religionen (700 S.)
- Wurzeln und Zweige der indogermanischen Religion (224 S.)
- Der Kessel von Gundestrup (220 S.)
- Cernunnos (690 S.)
- Christus (60 S.)
- Odin (300 S.)
- Die Götter der Germanen (Band 1 – 80)
- Dakini (80 S.)
- Kursus der praktischen Kabbala (150 S.)
- Eltern der Erde (450 S.)
- Blüten des Lebensbaumes:
    - Band 1: Die Struktur des kabbalistischen Lebensbaumes (370 S.)
    - Band 2: Der kabbalistische Lebensbaum als Forschungshilfsmittel (580 S.)
    - Band 3: Der kabbalistische Lebensbaum als spirituelle Landkarte (520 S.)
- Über die Freude (100 S.)
- Das Geheimnis des inneren Friedens (252 S.)
- Von innerer Fülle zu äußerem Gedeihen (52 S.)
- Das Beziehungsmandala (52 S.)
- Die Symbolik der Krankheiten (76 S.)

- König Athelstan (104 S.)

Kontakt: www.HarryEilenstein.de / Harry.Eilenstein@web.de
Impressum: Copyright: 2011 by Harry Eilenstein – Alle Rechte, insbesondere auch das der Übersetzung, vorbehalten. Kein Teil des Buches darf ohne schriftliche Genehmigung des Autors und des Verlages (nicht als Fotokopie, Mikrofilm, auf elektronischen Datenträgern oder im Internet) reproduziert, übersetzt, gespeichert oder verbreitet werden.
Herstellung und Verlag: Books on Demand GmbH, Norderstedt
ISBN: 9783743164987

für Eliot

König Athelstan

- Südwest-England, 400 n.Chr, bei den Kelten -

dramatis personae:

Köchin Aelis	- eine Köchin, die Tante des Königs (Mond)
Bruder Aurin	- ein Mönch (Merkur)
Bruder Abelard	- ein Mönch, Freund von Bruder Aurin (Saturn)
Druide Amairgen	- ein Druide, Großonkel von Frau Aingeal (Pluto)
Lady Aingeal	- eine Hofdame, Amairgens Nichte (Venus)
König Athelstan	- der König (Sonne)
Gaukler Awen	- des Königs Gaukler (Uranus)
Sir Art	- des Königs Heerführer (Mars)
Meister Avallach	- Großkaufmann, des Heerführers Freund (Jupiter)
Bruder Alaric	- Mönch, Dichter, Maler, ehemaliger Druide/Barde (Neptun)
Lady Bláithin	- König Athelstans Frau
Druide Taliesin	- Geist
König Cathasach	- Erzfeind des Königs
König Cuidightheach	- Urahn des Königs
	- zwei Türmer
Dagda/Nuada	- Sonnengott-Göttervater
Cerridwen	- Göttin der Wiedergeburt
Morrigan	- Kriegsgöttin
Pukis	- Landgeister, Ahnen, „kleines Volk"

1. Akt

1. Szene

- auf dem Wachturm der Burg des Königs Athelstan, vor Sonnenaufgang -

es treten auf: zwei Türmer, König Athelstan, Gaukler Awen, Bruder Alaric

1. Türmer:
    Der Morgen graut im Osten – endlich!
    Die Nacht war kalt, der Wind war bitter …
    Doch bald ist's Tag, bald ist es hell –
    und dann ist's Schlafenszeit für uns.

2. Türmer:
    Ich bin müde … warten, warten,
    nichts geschieht, nichts ist zu sehen;
    lange Stunden in der Kälte,
    wenn alle and'ren ruhig schlafen.

1. Türmer:
    Ja, nichts geschieht – und alles still …
    Du! Warte! Schau mal dort!
    Die dunkle Wolke, sind das Vögel?
    Solch ein großer Schwarm? So früh?

2. Türmer:
    Was ist dort los? Sind denn dort Menschen?
    Liegt dort Aas, das Krähen lockt?
    Ist dort ein Kampf, der Raben ruft?
    Ich hol' den König, das ist besser!

der 2. Türmer läuft davon

1. Türmer:
    Was mag das sein dort hinter'm Wald?
    Das gefällt mir nicht, nein, garnicht!
    Krähen, Raben, Federvolk,
    Unglücksboten, Schicksalskünder!

Die sollen in der Ferne bleiben,
die brachten nie was Gutes,
die tragen Tod im Sinn und Wunsch,
die haben meistens Blut am Schnabel …

der 2. Türmer kehrt mit König Athelstan zurück

König Athelstan:
Was weckt ihr mich so früh am Morgen?
Stehen Feinde vor dem Tor?
Ich hoff', das ist kein übler Scherz!
Zeigt mir, was ihr gesehen habt!

der Gaukler Awen und Bruder Alaric betreten die Plattform des Wachturmes

Gaukler Awen:
Hey, ist hier ein Fest so früh
auf des hohen Turmes Zinnen?
Gut, daß ich euch hörte
und schnell hin zu euch eilen konnte!

Bruder Alaric:
Ich träumte schwer und war schon wach,
da sah ich euch, mein König, eilen
und folgte diesem Luftikus
die Wendeltreppe hier hinauf.

König Athelstan:
Schweigt, ihr beiden, seid jetzt still!
Sprecht jetzt endlich, ihr zwei Türmer!

1. Türmer:
Dort hinten über'm Walde
ziehen Vögel dichte Kreise
schwarzes, übles Federvolk …
üble Botschaft, übles Omen!

König Athelstan:
Oh, ihr Heiden, oh, ihr Kelten,
Raben sind's und Krähen – Vögel!
Kein Omen und kein Zeichen, nein!
Doch lauft, schickt Späher dort hinaus!

die Türmer eilen fort

Gaukler Awen:
>Ach ja, das schlichte, dumme Volk …
>Töricht sind sie, voller Einfalt!
>An was die nur alles glauben!
>Statt den Lebens-Scherz zu sehen!

Bruder Alaric:
>Wenn Feinde nahen, war's das bald
>mit Deinen Scherzen, lieber Freund,
>dann kommen Blut und Leid und Tränen,
>dann verstummen Scherz und Lachen!

König Athelstan:
>Schweigt still, ihr beiden, schweigt!
>Was ist das? Harfenklang?
>Was ist das für ein Nebel dort?
>Was läßt ihn milchig leuchten?

Gaukler Awen:
>Fort König, fort von hier!
>Da kommt ein übler Geist zu uns!

Bruder Alaric:
>Fort, König, Awen hat recht!
>nein, das ist nichts Gutes hier!

König Athelstan:
>Seid nicht feige! Bleibt! Steht!

Geist des Druiden Taliesin:
>König Athelstan, höre!
>Erbe Cuidightheachs,
>höre meine Worte, lausche!
>Höre, merke sie Dir gut!
>
>Dagda gab den Königen
>die Krone nur daß sie das Land
>behüten, Leben schützen, wahren,
>Höre dies, bewahr es gut!

Deine Ahnen brachen mit
dem Weg des weisen, großen Dagda,
er warnte sie, er sandte Zeichen –
Höre dies, bewahr es gut!

Jeder Deiner vielen Ahnen
sollte einst ein Erdherr sein,
doch viele war'n nur kleine Herrscher –
entsinnst Du Dich und weißt Du dies?

Lerne jetzt ein Erdherr sein,
ein Hüter des Landes, ein Wahrer des Lebens,
werde Teil der Felder, Wälder
und der Flüsse und der Seen!

Das Land bist Du, es ist in Dir,
wenn Du ein wahrer Erdherr bist!
Die Erde ist Dein wahres Fleisch,
die Felsen sind dann Deine Knochen,

Der Wind Dein Atem, die Flüsse Dein Blut,
Die Sonne Dein Auge, der Mond Dein Auge,
die Bäume Dein Haar, die Blüten Dein Lieben,
die Zeiten des Jahres Dein Wachen und Schlafen!

Deine Ahnen verließen den Weg
und Dagda sprach diesen Fluch über sie:
Eure Söhne und Sohnessöhne
werden schwinden, ihr Reich verlieren,

werden die Ehre schändlich verlieren,
wenn sie Schwert und Speer ergreifen,
werden Freude und Glanz verlieren,
wenn sie nur noch Macht erstreben!

So sprach Dagda vor vielen Jahren:
Siehe die Erde und siehe Dich!
Schütze das Leben und lebe Dich!
Sei ein Segen für Dich und das Land!

Höre meine Worte, Athelstan!
Folge meinen Worten, König!
Du hast den Weg des Dagda verlassen!
Dagdas Antwort ist schon nah!

Höre meine Worte, Athelstan!
Ich bin Taliesin der Sänger und Harfner,
ich sah viele Könige irren
und ich sah viele Könige fallen!

Welchen Weg wählst Du, Athelstan?
Die Weisheit und das Leben?
Die weite Liebe, das Gedeihen?
Oder nur die leere Macht?

Höre meine Worte, Athelstan!
Ich bin Taliesin der Sänger und Harfner,
ich sah viele Könige irren
und ich sah viele Könige fallen!

Gaukler Awen:
    Seht seine Gestalt, seht!
    Sie löst sich auf! Er schwindet rasch!

Bruder Alaric:
    Mein König! Das war Taliesins Geist!
    Er kam gewiß, um Dich zu warnen!

König Athelstan:
    Ein Geist. Ein heidnischer dazu.
    Geister gehören ins Totenreich.
    Und die Lebenden gehören hierher.
    Beides gehört vollkommen getrennt.

Bruder Alaric:
    Herr, damit ist nicht zu spaßen!
    Dagda ist der Herr der Götter!
    Sein Spruch hat große Macht!
    Schlagt die Warnung nicht in den Wind!

König Athelstan:
    Bruder Alaric! Was hör' ich da?
    Ist das etwa gut christlich?
    Klingt da Altes in Dir an?
    Du warst einst ein Druide,

eh' Du das Mönchsgewand annahmst.
Glaubst Du noch immer an die alten Götter,
die hier einst Kult und Opfer hatten?
Dann geh' in Dich, Bruder Alaric!

Bruder Alaric:
Nein, nein, ich bin schon Christ!
Doch was tun wir mit Taliesin?
Kennst Du nicht die Erdherrn-Lehre?
Wir müssen etwas tun! Uns schützen!

Gaukler Awen:
Alaric, alter Kelten-Zauberer!
Was redest Du für krumme Sachen?
Willst Du die Götter wieder rufen?
Opfer bringen? Feuer brennen?

Bruder Alaric:
Nein, nein, das will ich nicht!
Es ist nur äußerst töricht,
den Spruch eines Druiden-Geistes
nicht zu achten, nicht zu folgen!

König Athelstan:
Was taten denn die Erdherrn früher?
Was weißt Du alles über sie?

Bruder Alaric:
Sie sangen der Sonne den Morgengruß,
Sie sprachen mit dem weiten Land,
Sie riefen die Ahnen in Not um Hilfe,
Sie entfachten das Feuer des Jenseits-Tores –

König Athelstan:
Schluß jetzt. Es reicht!
Geist ist Geist und Mensch ist Mensch.
Wir leben hier, sie dämmern dort.
Und wir, wir feiern heut' ein Fest!

alle ab

2. Szene

- in der großen Halle der Burg des Athelstan -

es treten auf: König Athelstan, Gaukler Awen, Meister Avallach, Sir Art, Bruder Alaric, Bruder Abelard, Bruder Aurin und viele andere

König Athelstan:
    Willkommen, all ihr Edelmänner,
    edle Frauen, Mönche, Ritter,
    und auch ihr dort jenseits des Salzes,
    ihr Bauern, Schmiede, Knechte, Mägde!

    Eßt und trinkt! Seid alle fröhlich!
    Das Leben ist kurz, der Wein ist süß,
    der Braten dampft, die Brote duften,
    die Äpfel glänzen – und Lippen locken!

    Alaric! Hol' Deine Harfe!
    Und spiel für uns die Freudenlieder,
    die alten und die neuen Weisen,
    spiel uns dann auf zum frohen Tanz!

Sir Art:
    Das ist alles nicht für mich,
    mein edler Herr und weiser König!
    Braten und Tanz! Frauen und Tand!
    Ich brauche Schwert und lauten Kampf!

König Athelstan:
    Bleib hier an meiner vollen Tafel!
    Kampf bringt Leid und Schmerz und Pein!
    Braten und Musik und Tanz
    bringen Freude und Lust und Liebe!

Sir Art:
    Kampf bringt Ruhm und ewige Ehre!
    Der Kampf ist edel, verändert die Welt!

Meister Avallach:
>Gelenkte, wohlbedachte Tat,
>führt zu reifer Frucht, Gewinn.
>Das Ziel gibt jeder Handlung Sinn,
>der Taten Krone ist das hohe Ziel.

Bruder Abelard:
>Nur die wahre Tugend zählt.
>Nur das Alte hat wirklich Wert.
>Nur die Ordnung läßt gedeihen.
>Nur Gebote schaffen Tugend!

Bruder Aurin:
>Seid ihr nicht zu hart, mein Bruder?
>Die Natur ist selber weise.
>Sonne und Sterne drehen endlos
>ihre eigenen, vollkommenen Kreise.

Bruder Abelard:
>Nein, nein, nein, so nicht!
>Nur der eine Herr formt
>diese runden Sternen-Kreise!
>Er denkt und lenkt und formt und fügt!
>
>Nur Gehorsam führt zur Tugend!
>Nur Gesetze halten den Verfall
>mit großer Not in Schach!
>So ist es wahrlich, Bruder Aurin!

Gaukler Awen:
>Auf, auf, mein edler König!
>Laßt uns tanzen, laßt uns springen,
>laßt uns lachen, laßt uns singen,
>wilder, toller als zuvor!

König Athelstan:
>Recht hast Du, mein bester Gaukler!
>Wer springt höher? Wer tanzt wilder?
>Wer streckt die Zunge weiter raus?
>Wer reißt die Augen weiter auf?

Kommt, holde Maid, kommt her,
seid doch nicht so zagend, schüchtern!
Kommt, reicht mir Eure Hand
zeigt mir euren roten Mund.

Laßt uns tanzen, feiern, singen,
Freude haben, Lust verspüren!
Wann sollen wir leben, wann sollen wir feiern,
wenn nicht gleich hier und nicht gleich heute?

Bruder Abelard:

    Oh Nein! Oh Nein! – Solch ein König!
    Sowas nennt sich echter Christ!
    In Speisen schwelgen, Lieder singen,
    Sprünge hüpfen, Tänze tanzen

    – so verrückt wie's grad' nur geht!
    Lippen küssen, Brüste kosen,
    und was weiß ich sonst all' noch
    in dunkler Kammer, auf weißem Bett!

Sir Art:

    Selten sind wir einer Meinung,
    hochgelehrter Tugend-Bruder,
    doch das geht auch mir zu weit!
    Ich geh! Mein Roß braucht noch Bewegung.

Bruder Abelard:

    Kommt mit, mein guter Bruder Aurin,
    es sind noch viele Psalme zu lesen,
    Seiten zu schreiben, Verse zu formen –
    alles ist besser als diese Schande!

Meister Avallach:

    Kann es falsch sein, das Leben zu feiern?
    Ist es ein Fehl, zu tun, was freut?
    Der hagere Bruder scheint mir hart …
    Doch der Gaukler ein wenig zu wild …

3. Szene

- Gang vor der Großen Halle -

es treten von verschiedenen Richtungen ein: König Athelstan und der 1. Türmer

König Athelstan:
    Was ist los? Was störst Du mein Fest?

1. Türmer:
    Die Späher sind zurück, mein Herr:
    Keine Feinde, keine Toten,
    aber Spuren von drei Reitern,
    die kamen, verharrten und wieder gingen.

König Athelstan:
    Und dafür rufst Du mich heraus?

1. Türmer:
    Es könnten fremde Späher sein,
    mein Herr, vielleicht droht bald schon Krieg.
    Drei fremde Reiter in eurem Land,
    die nicht voll Stolz ihr Wappen zeigen!

Sir Art, Bruder Abelard und Bruder Aurin kommen aus dem Saal, den sie verlassen, hinzu

Sir Art:
    Der Türmer hat ganz recht, mein König,
    Wir sollten die Wachen schon heute verdoppeln,
    die Schwerter schärfen, die Speere schäften,
    die Brünnen ölen, die Helme prüfen!

König Athelstan:
    Ach, Sir Art, Ihr kennt nur Kampf!
    Doch tut, wonach es Euch verlangt!
    Doch laßt mich jetzt hier weiterfeiern!
    Kein Wein mehr, Aurin, Abelard?

Sir Art und der 1. Türmer ab

Bruder Abelard:
>Nein, danke, mein Herr und König,
>die Pflicht ruft uns gar laut zu sich;
>nie darf Staub sich auf die Tugend
>legen, sie verdecken, schwächen.

Bruder Abelard und Bruder Aurin ab

König Athelstan:
>Die Kunst des Feierns wird verkommen,
>wenn es hier der Feuerköpfe,
>Bücherwürmer, Trübsalsänger
>noch mehr werden! – Was denn nun?!

Bruder Alaric tritt aus dem Saal zu König Athelstan:

Bruder Alaric:
>Mein Herr, mein Herr, hört mich an!
>Ich spielte gerad' das Sonnen-Lied,
>da sah ich lebhaft Bilder vor mir –
>es war nicht schön, was ich da sah!
>
>Ich sah Dagda in Zornes-Flammen,
>ich sah grausige Bibel-Bilder!
>Taliesin hat recht mit seiner Warnung!
>Mein König, wir müssen handeln – rasch!

König Athelstan:
>Recht hast Du, mein werter Alaric!
>Tat eins: Schluß mit Wein für Dich!
>Tat zwei: Vergiß sofort Taliesin!
>Tat drei: Ich feiere jetzt weiter!

4. Szene

- am Rande der Halle -

König Athelstan tritt wieder in die Halle, in der weiter gefeiert worden ist

König Athelstan:
>Feiern, küssen und genießen –
>das ist Leben, das ist Weisheit.
>Gibt es eine größ're Wahrheit?
>Gibt es mehr für uns auf Erden?
>
>Gar flüchtig ist der Augenblick,
>Gar kurz sind unsere Leben hier …
>Was gibt es mehr als kurze Freude?
>Was gibt es mehr als heiße Lust?

der Druide Amairgen und seine Nichte Lady Aingeal treten hinzu

Druide Amairgen:
>Herr, ich hörte, daß Feinde nahen,
>ist das richtig, ist das wahr?
>Oder sind das nur Gerüchte,
>von feigen Narren ausgestreut?

König Athelstan:
>Ein Vogelschwarm am Morgenhimmel –
>das war alles, was wir sah'n.
>ein furchtsamer Türmer und noch ein zweiter –
>sind die Quelle dieses Geredes.

Druide Amairgen:
>Ich hörte, ein Geist sei Euch erscheinen,
>der Druiden-Barde Taliesin,
>und habe Euch vieles prophezeit –
>ist diese düstr'e Kunde wahr?

König Athelstan:
> Da war ein Geist – doch was soll's?
> Die Geister sollten lieben ruh'n
> in ihren alten Hügelgräbern,
> als ihren dummen Spuk zu treiben!

Druide Amairgen:
> Taliesin war sehr weise – fürwahr!
> Weise, erfahren, klug und mächtig.
> Er war ein wirklich großer Seher,
> Er wußte viele tiefe Dinge.

König Athelstan:
> Er war weise und blickte tief?
> Was sagt er über unser Leben?
> Kannte er Freude? Kannte er Lust?
> Kannte er Lachen? Trank er Wein?

Lady Aingeal:
> Taliesin war kein Possen-Gaukler,
> er war auch kein starrer Mönch,
> er war ein weiser Mann mit Herz,
> er war ein Seher und ein Zauberer.

König Athelstan:
> Was wißt ihr denn über alte,
> längst verweste Kelten-Magier?
> Was wißt ihr denn über Weisheit,
> und über die rechte Art zu leben?

Lady Aingeal:
> Der Druide Taliesin ist mein Ahn
> und Amairgen ist mein Onkel –
> ich kenne genug von den Liedern
> der alten Weisheit uns'res Volkes.

König Athelstan:
    Und was sagen diese Lieder?
    Wie sollen wir am besten leben?
    Wie finden wir die Freude hier,
    die Lust, das Glück, die Wonne? Nun?

Druide Amairgen:
    Lust ist der Schöpfer uns'res Lebens.
    Der Mensch ist stets des Menschen Freude.
    Die Quelle des Glückes ist das Herz.
    Liebe ist die größte Wonne.

König Athelstan:
    Das nenn' ich auf den Punkt gebracht!
    Lust schafft Leben und ist geil!
    Alle Wesen kennen sie
    und alle Wesen folgen ihr.

    Wer einsam lebt, ist selten glücklich.
    Die Mönche – ich weiß … doch sind die glücklich?
    Und wer geht nicht gern zum Fest und feiert?
    Wer tanzt und lacht und küßt nicht gern?

    Doch die Liebe? Sie ist Leid!
    Weise werden Narren durch sie!
    Männer töten sich und and're!
    Wer mordet mehr: Liebe oder Krieg?

    Doch was meint ihr mit dem Herzen?
    Da soll doch die Liebe quellen,
    das ist doch die Leidens-Kammer,
    der Schmerz-erfüllte Tränen-Brunnen.

Druide Amairgen:
    Ihr seid der König und kennt nicht das Herz?
    Dort wohnt Euer Seelenvogel,
    ohne ihn gelingt nie etwas,
    doch mit ihm gelingt Euch alles.

König Athelstan:
>Das will ich genauer wissen!
>Dieser Vogel scheint allmächtig,
>und er ist in jedem Mensch …
>Wir alle sind allmächtig? Nein.

Lady Aingeal:
>Mit unserer Seele als bestem Freund
>können wir unserer eigenes Leben formen;
>dann sind wir nicht nur Spielball der Götter,
>wir werden unser eigener König!

König Athelstan:
>Woher wollt ihr das denn wissen?
>Das klingt gut – ist es denn gewiß?
>Zeigt es mir, beweist es mir!
>Ich will nicht in die Irre gehen!

Druide Amairgen:
>Rufst Du Cerridwen, Aingeal?
>Bittest sie um Erkenntnis der Liebe?

Lady Aingeal:
>Und Du rufst den großen Dagda,
>bittest ihn um Erkenntnis des Herzens?

beide schweigen und sammeln sich, der König wartet

König Athelstan:
>Was zeigt ihr mir? Nur dieses Schweigen?
>Das ist nicht sehr aufschlußreich …
>Und Cerridwen und Dagda   Warum?
>Das sind doch alte Heiden-Götter!
>
>Doch was tut ihr da? Ich, ich …
>Da ist Hitze in mir, um mich,
>in meinem Herzen, Wärme, Hitze …
>wie eine Sonne scheint sie dort.

Da ist Liebe, ja – und nun?
Da ist Verlangen – heiß und groß …
Nein, nicht Verlangen, das ist Liebe,
sie ist ruhiger, heller, größer.

Liebe in mir, in meinem Herzen,
Liebe für mich, in mir, um mich …
Doch auch Liebe zu einer Frau,
Ich ahne ihr Bild, ich sehe sie!

Ja, das ist mehr als Spaß und Scherz,
da gibt es es größeres Glück,
da gibt es tiefere Begegnung,
Da gibt es das Ende der Einsamkeit.

Sie ist wie hinter grauem Nebel,
Doch nun kann ich sie klarer sehen,
ihre Gestalt, nun ihr Gesicht,
Ja, ganz deutlich ist sie vor mir!

Wer ist sie? Ist sie hier?
Ich will sie hier und jetzt! Sofort!
Das ist der Himmel und die Hölle!
Das ist wahres Leben! Ja!

Da sitzt sie! Dort an der Tafel!
Ich eile hin! Ich hole sie!
Ich habe sie gefunden! Ja!
Nichts soll mich nun noch halten!

Druide Amairgen:
    Eile, Dein Name ist Athelstan …
    Kann er denn wirklich niemals warten?
    Muß er sich denn stets sofort
    in alles stürzen? Sofort springen?

Lady Aingeal:
>Hast Du denn schon mal gehört,
>daß unser König das rechte Maß
>gesehen und gefunden hat –
>oder auch nur nach ihm suchte?

Druide Amairgen:
>Dagda, steh' dem König bei!
>Und auch Du, Cerridwen!
>Ich fürchte, er wird beide brauchen –
>noch ehe heut' die Nacht anbricht …

Lady Aingeal:
>Da kommt er schon – und nicht allein,
>er hält Lady Bláithin
>in seinem Arm – er ist wahrhaft
>schnell und hat es wirklich eilig!

Druide Amairgen:
>Das sieht nach großem Unheil aus!
>Die Lady ist bereits verlobt –
>mit König Cathasach dem Roten,
>aus unserem Nachbarland im Norden.

Lady Aingeal:
>Jedoch: Er scheint ihr zu gefallen,
>wenn man die beiden da so sieht …
>War da zuviel Met und Wein?
>Haben die zwei auf sich gewartet?

Druide Amairgen:
>Der Begleiter der Lady geht …
>Er wird reiten – zu Cathasach,
>und dieser wird nicht lange warten …
>Ich fürchte, die Raben hatten recht.

Lady Aingeal:
    Du meinst, sie haben Krieg gespürt?
    Krieg wegen einer raschen Tat?
    Wegen einer schönen Frau?
    Hätten wir denn schweigen sollen?

Druide Amairgen:
    Ja, es fühlt sich an wie Krieg –
    das waren Morrigans schwarze Raben …
    Und wir? Nein, wir müssen die Wahrheit
    allen zeigen, die sie sehen wollen.

Lady Aingeal:
    Eine Wahrheit, die den Tod
    und große Leiden zu uns bringt?
    Ist das der rechte Weg? Gewiß?
    Nicht lieber Schweigen und Leben wählen?

Druide Amairgen:
    Vielleicht war'n wir zu rasch … vielleicht …
    man sollte besser vorher schauen,
    wann man spricht und wem was sagt …
    Vielleicht war'n wir zu rasch … vielleicht …

Lady Aingeal:
    Wir hätten den König niemals halten
    und ruhige Besonnenheit lehren können!
    Das ist nicht seine Art und Weise,
    sondern: Rasch! Sofort! Jetzt gleich!

Druide Amairgen:
    Sein Herz ist gut, sein Wille stark …
    Sein Weitblick nicht immer gar so groß …
    Nun, das ist ihm bestimmt, sein Weg,
    Das ist seine Art, sein Leben zu leben.

Lady Aingeal:
>Laß uns gehen, Dagda rufen,
>und auch Cerridwen dann bitten,
>daß sie bei uns sind und helfen,
>daß nicht Blut fließt ohne Not.

Druide Amairgen:
>Morrigan die Rabengöttin
>wird das nicht so gerne hören ...
>doch Du hast recht, wir haben es
>begonnen und sollten ihn nun schützen.

5. Szene

- auf dem Wachturm -

es treten auf: zwei Türmer

1. Türmer:
>Was für ein Tag! Was mag kommen?
>Raben am Morgen, ein verrückter König ...
>Verführt die Verlobte des Nachbarkönigs!
>Wie soll all das nur enden? Wie?

2. Türmer:
>Er ist schon komisch, unser König ...
>doch das Herz am rechten Fleck.
>Wenn er nur etwas besonnen wäre –
>doch das liegt nicht in seiner Natur.

1. Türmer:
>Die meisten Menschen sind schon seltsam ...
>aus der Sicht fast aller anderen ...
>Wir sind verschieden erschaffen worden,
>daran läßt sich niemals rütteln.

2. Türmer:
>Das macht unser Leben schwierig –
>und unsere Könige bestimmen das Schicksal
>ihres ganzen Volkes – im Guten,
>aber auch mit allem anderen …

1. Türmer:
>Wären wir Türmer und Bauern und Schmiede
>und Schäfer und Händler und Winzer und Krieger
>alleine klüger und weiser und besser?
>Ich vermag es nicht zu sagen …

2. Türmer:
>So hängt alles von einem ab –
>nur ein Irrtum – große Folgen …
>Wenn jeder für sich selber geht,
>ist er zu schwach, um sich zu schützen.

1. Türmer:
>So haben wir nur gemeinsam Schutz
>und dafür keinen eig'nen Weg …
>Und dann noch einen solchen König,
>der die Erdherrn nicht mehr kennt.

2. Türmer:
>Lang, lang, lang ist's her,
>seit die Könige Erdherren waren …
>Führt noch ein Weg dorthin zurück?
>Die Zeit geht immer geradeaus …

1. Türmer:
>Das ist wohl ohne Zweifel wahr –
>Es ist schon zuviel Neues da …
>Wie sollte da das gute Alte
>einfach so nun wiederkehren?

2. Türmer:
>Vielleicht gibt es ja etwas Neues,
>in dem all' das gute Alte
>enthalten, eingebettet ist …
>Vielleicht ist das ein Weg für uns?

1. Türmer:
>Das klingt gut, mein alter Freund,
>doch glaubst Du, daß uns jemand fragt?
>Ich glaube nicht – die Könige bestimmen,
>das Volk und so auch wir gehorcht.

2. Türmer:
>Nun, vielleicht finden dennoch
>uns're Worte ihren Weg
>auf krummen Pfaden nach und nach
>in des Königs Ohr und Herz.

1. Türmer:
>Wenn die Götter es so wollen,
>wird es ihnen möglich sein.
>Doch ob wir da wichtig sind –
>Nun, wir werden es ja sehen.

2. Türmer:
>Was reden wir denn da für Dinge?
>Über ferne Zeiten, die waren,
>Über ferne Zeiten, die kommen …
>Laß uns jetzt die Wache halten,
>
>und gut auf Rabenkrächzen lauschen,
>auf fernen glimmenden Feuerschein,
>auf Reiter, die uns leise nahen –
>das ist das, warum wir hier sind!

1. Türmer:
>Ja, wie sollen schließlich wachen,
>laß uns spähen, hier und jetzt,
>doch darüber nicht vergessen,
>wo wir in dem Ganzen stehn!

2. Akt

1. Szene

- in der Kammer des Königs -

König Athelstan und Lady Bláithin

Lady Bláithin:
    Ich habe heftig geträumt heut' Nacht,
    mein lieber König Athelstan.
    Es waren keine guten Träume,
    die zu mir gekommen sind.

König Athelstan:
    Träume kommen und gehen wieder –
    sie sind wie der Morgennebel
    rasch verflogen und vergangen,
    wenn die Sonne am Himmel aufsteigt.

Lady Bláithin:
    Ich sah, daß Wölfe kamen und Raben,
    ich sah die Halle in Flamme stehen,
    ich sah Blut in den Bächen fließen,
    ich sah Rauch über den Dörfern.

König Athelstan:
    Frauen fürchten sich gar leicht
    vor wilden Tieren im dunklen Wald.
    Und Blut? Nun, wir schlachten bald.
    Und Feuer brennt oft in der Halle.

Lady Bláithin:
    Ich sah Cathasach in Wut,
    mit einem großen, starken Heer,
    mein Verlobter naht voll Zorn,
    er hat die Kunde schon vernommen!

König Athelstan:
>Er wird nicht kommen, Ihr seid frei!
>Wer soll Euch sagen, was ihr dürft?
>Nur der Weg des Herzens zählt –
>und den sind wir gegangen.

Lady Bláithin:
>Ich sah Morrigan die Dunkle,
>die Krähengöttin flog umher
>voll von Durst auf Aas und Blut,
>sie sinnt auf Kampf, auf Krieg, auf Tod!

König Athelstan:
>Sie wird nicht kommen, es gibt sie nicht,
>sei getrost, hab' keine Sorgen!
>Laß uns essen, trinken, lachen,
>und das Lager kuschelnd teilen!

Lady Bláithin:
>Athelstan, oh Du mein König,
>mein Geliebter und mein Mann!
>Ich habe einen Wunsch an Dich –
>magst Du ihn jetzt gleich von mir hören?

König Athelstan:
>Sprich nur, liebe Bláithin,
>was ist es, was Du von mir wünschst?
>Wenn ich es Dir erfüllen kann,
>will ich es gerne für Dich tun!

Lady Bláithin:
>Du bist stürmisch, leidenschaftlich,
>doch Du bist auch ein bißchen blind,
>wenn Du auf den weichen Decken
>im großen, heißen Eifer bist.

König Athelstan:
>Blind? Sag, was meinst Du mit 'blind'?
>Ich sehe Dich. Und was ich seh',
>ist wunderschön, verführerisch
>und mir ganz nah, ganz warm, ganz weich.

Lady Bláithin:
>Auch Du bist nah und warm und weich,
>solang Dich nicht der Eifer packt.
>Dann siehst Du nur Dich, bist Feuer
>und Flamme und Lodern und Hitze und Glut.

König Athelstan:
>War das Feuer Dir zu kühl?
>War die Glut Dir noch zu klein?
>Den Wunsch erfülle ich Dir gern!
>Ich leg' noch etwas Holz dazu!

Lady Bláithin:
>Nein, nein, das mein ich nicht!
>Wenn Du in Wallung kommst und glühst,
>siehst Du nur Dich, doch nicht mehr mich,
>dann wirst Du hart und stur und blind.

König Athelstan:
>Der Hengst schaut wachsam rings um sich,
>solang er auf der Weide steht;
>Doch im Galopp blickt er nach vorn,
>hin zu dem Ziel! Mit aller Kraft!

Lady Bláithin:
>Und dann wird er hart und blind …
>Sieht nicht mehr, was die Stute sucht,
>sieht nur noch, was er braucht –
>Wo ist dann die Zärtlichkeit?

König Athelstan:
>Das ist jetzt aber nicht gerecht!
>War Dir das Streicheln und das Kosen,
>das Umarmen nicht genug?
>Hast Du die Liebe nicht gespürt?

Lady Bláithin:
>Doch, das habe ich gespürt –
>sonst wäre ich gewiß nicht hier.
>Doch Du bist beinahe wie zwei:
>sanfte Brise, harter Sturm.

König Athelstan:
>Was willst Du denn noch von mir?
>Du hast doch beides, alle zwei!
>Und Regen-Tränen gab es nicht,
>und auch nicht harten Hagel-Streit.

Lady Bláithin:
>Ich will, daß Du mich auch dann siehst,
>wenn Du in Flammen stehst und brennst –
>verstehst Du das? Verstehst Du mich?
>Kannst Du nicht weich und stürmisch sein?

König Athelstan:
>Ich sehe, was Du meinst – vielleicht.
>Ich bin mal weich und manchmal hart,
>Ich fühle – oder tue, handle;
>Aber beides zugleich – nein.

Lady Bláithin:
>Warum wirst Du hart im Handeln?
>Mußt Du dann stets verletzen, drängen?
>Kannst Du nicht sanfte Schritte tun?
>Kannst Du nicht Hand in Hand ruhig gehen?

König Athelstan:
>Das kenn' ich nicht, das ist mir fremd …
>Wenn ich eine Sache will,
>Wenn ich ein Ziel vor Augen hab',
>dann tu' ich, was ich tuen muß.

Lady Bláithin:
>Ich glaub', es ist nicht allzu leicht,
>mit Dir zu geh'n, mit Dir zu bauen,
>Du siehst Dich und siehst Dein Ziel,
>doch wann siehst Du wieder mich?

König Athelstan:
>Am Ende des Weges, im fertigen Haus,
>nach vollendeter, großer Tat –
>dann ist die Zeit zu schauen, zu fühlen,
>Hand in Hand sich der Tat zu erfreu'n.

Lady Bláithin:
>Wie soll ich so leben? Wie soll ich so lieben?
>Doch die Liebe ist da und auch der Entschluß.
>Wir werden's nicht allzu einfach haben,
>Doch laß' es uns voll Liebe erforschen.

König Athelstan:
>Ja, das will ich auch, Geliebte!
>Doch ich muß bleiben, wer ich bin,
>sonst ist mein Feuer bald verloschen,
>sonst ist mein Lied zu früh zu Ende.

Lady Bláithin:
>Auch ich werd' handeln, wie ich bin.
>Ich werd' in allem zeigen, was ich bin.
>Laß uns zwei uns selbst die Treue halten –
>und auch zueinander stehen.

König Athelstan:
>Ja, das woll' wir tun! So sei es!
>Zwei Herzen wie zwei leuchtende Sonnen,
>Jede mit ihrem eigenen Licht,
>und ein Zweigestirn voll Liebe!

2. Szene

- in der Halle des Schlosses -

*in der Halle ist die Köchin Aelis
es tritt ein: der 1. Türmer*

1. Türmer:
>Schnell, schnell, wo ist der König?
>Ich muß ihn sprechen – jetzt, sofort!
>Ist er in der Halle oder fort?
>Sag mir rasch – wo ist der König?

Köchin Aelis:
>Wo soll er sein zu dieser Zeit?
>Dort, wo er am liebsten weilt:
>in seinem Bad – heißes Wasser,
>weiche Tücher, duftende Öle …

1. Türmer:
>Rasch, geh' ihn holen, gleich!
>Ich kann nicht sein Bad betreten,
>doch Du bist seiner Mutter Schwester,
>los, los, gch' ihn hol'n!

die Köchin geht

1. Türmer:
>Wo bleibt sie nur? Wo bleibt sie nur?
>Die Zeit ist knapp – schnell, schnell!
>Diese Köchin – langsam wie 'ne Schnecke!
>Und behäbig wie 'ne Kuh!

die Köchin und der König treten ein

1. Türmer:
>Mein König! Cathasach naht!
>Späher sahen ihn kommen
>mit einem riesengroßen Heer!
>Er ist wütend, Herr, er tobt!

Köchin Aelis:
>Er wird schon nicht so wütend sein,
>ladet ihn zu uns ein, Neffe,
>bewirtet ihn gut mit Speisen und Wein –
>dann wird er bald zufrieden sein!

Sir Art kommt hinzu

Sir Art:
>Schweigt Köchin! Dummes Geschwätz!
>Hier ruft das Schwert und nicht die Gabel!
>Schließt sofort die Tore, König!
>Ruft die Ritter, die Knappen, die Söldner!

König Athelstan:
>Lauft, Türmer, ihr habt's gehört!
>Mutterschwester, holt Amairgen!
>Und bringt mir Lady Aingeal!
>Daß wir beraten und beschließen!

Türmer und Köchin ab

König Athelstan:
>Geht, Sir Art, ruft mein Heer,
>versammelt die Krieger, verteilt die Waffen,
>sendet Späher aus zum Feind,
>daß wir wissen, was er tut!

Sir Art ab

König Athelstan:
>So führt die Liebe hin zum Krieg …
>Was ist das für eine Welt?!
>Aus dem Herzen leben – ja …
>doch muß der Weg so blutig sein?

König Athelstan ab

3. Szene

- im Hof des Schlosses -

es tritt ein: König Athelstan

König Athelstan:
>Cathasach naht der Burg,
>mein Heer ist klein, ich bin kein Krieger …
>Bringt dieser Tag uns allen Tod?
>Sind das wirklich die Früchte der Liebe?

es kommen hinzu: Druide Amairgen und Lady Aingeal

König Athelstan:
>Seht, was eurer Rat mir bringt!
>ein Schritt hin zur großen Liebe,
>und der zweite führt zum Tod!
>Ihr könnt zaubern! Tut etwas!!!

Druide Amairgen:
>Unser Rat ist nicht der Same
>dieses Krieges, der uns droht.
>Es war Eure arge Raschheit,
>die Kampf vor unsere Tore brachte!

Lady Aingeal:
>Es ist nicht die Zeit dafür,
>die Schuld zu suchen und zu tadeln.
>Wenn wir überleben wollen,
>brauchen wir rasch guten Rat.

König Athelstan:
>Doch was sollen wir denn tun?
>Kämpfen? Fliehen? Hilfe suchen?
>Wie? Wohin? Von wem denn nur?
>Sprecht! Was sollen wir jetzt tun?

Druide Amairgen:
>Uns bleibt nur noch wenig Zeit,
>zu wenig, um ein Heer zu rufen.
>Da bleibt nur die Kraft des Königs,
>er muß uns den Sieg erringen!

König Athelstan:
>Ich? Bin ich etwa ein Krieger?
>Kann ich töten, morden, schlachten?
>Hab ich gelernt, ein Schwert zu führen?
>Hab ich gelernt, den Speer zu werfen?

Lady Aingeal:
>Du hast recht, mein Vaterbruder,
>Athelstan muß kämpfen, siegen
>mit der Kraft des hellen Feuers,
>mit der Kraft der roten Schlange!

König Athelstan:
>Wovon sprecht ihr? Welche Schlange?
>Ist das wieder Heidenzauber?
>Wie soll ich das so schnell lernen?
>Es bleibt uns nur ein Tag – vielleicht …

Druide Amairgen:
>Es geht nur der schnelle Weg,
>mehr Zeit haben wir nun nicht,
>Lady, laßt schnell Holz herbringen,
>ich bereite meinen Zauber.

König Athelstan:
>Was tut ihr? Was wollt ihr?
>Sagt es? Ich bin hier der König!
>Was habt ihr vor, erklärt es mir!
>Was soll das Holz? Und was das Feuer?

Druide Amairgen:
>Ihr seid der König, doch nun schweigt.
>Ich muß die Götter hierher rufen.
>Und stört mich nicht dabei! Seid still!
>Und holt uns Öl, soviel ihr habt!

der Druide kniet nieder, legt einige Ebereschen-Zweige zu einem Muster und entzündet sie

Druide Amairgen:
>Dagda, Herr der gold'nen Sonne!
>Nuada, Herr der schwarzen Sonne!
>Wir brauchen Dich, komm zu uns,
>weihe dieses Königs-Feuer!
>
>Dagda, König der alten Götter!
>Nuada, König der Unterwelt!
>Wir brauchen heute den schnellen Weg –
>Der König will ein Krieger werden.

>Taliesin, Druide, Sänger, Zauberer!
>Du hast Athelstan gewarnt!
>Hilf ihm nun auch zu bestehen,
>gibt ihm Cú Chulainns Feuer!

der Geist des Druiden Taliesin erscheint

Druide Taliesin:
>Du rufst mich hierher, Druide Amairgen?
>Deine Bitte sei Dir gewährt!
>Das Feuer soll den König stärken
>mit der Kraft von zwanzig Stieren!

Geist ab

Lady Aingeal kommt mit vielen Männer, die Holz tragen;
König Athelstan kommt mit Sir Art und einigen Krügen Öl

Druide Amairgen:
>Schichtet das Holz auf die Flammen,
>gießt das Öl in das glimmende Feuer,
>daß die Flammen hell lodern,
>daß das Holz zu Glut verbrennt.

Druide Amairgen und Lady Aingeal singen gemeinsam bis das Feuer niedergebrannt ist:
>Dagda, Nuada, Dagda, Nuada,
>gold'ner Sonnen-Göttervater,
>Lug der Weise, Smertrios der Starke,
>gebt dem Feuer euren Segen!
>
>Dagda, Nuada, Dagda, Nuada,
>gold'ner Sonnen-Göttervater,
>Lug der Weise, Smertrios der Starke,
>gebt dem Feuer euren Segen!
>
>Dagda, Nuada, Dagda, Nuada,
>gold'ner Sonnen-Göttervater,
>Lug der Weise, Smertrios der Starke,
>gebt dem Feuer euren Segen!

… … …

als das Feuer heruntergebrannt ist:

Druide Amairgen:
    Athelstan, König, Kriegsherr!
    Folge mir über die Glut!
    Ohne Schuhe, ohne Schutz,
    wecke das Feuer in Deinem Leib!

der Druide Amairgen geht barfuß über die Glut
Athelstan schaut entsetzt, doch er folgt ihm

Druide Amairgen:
    Athelstan, König, Kriegsherr!
    Laß das Feuer in Dir lodern,
    laß es in Dir steigen, hoch empor!
    Wie eine glühende, windende Schlange.

der Druide geht erneut über die Glut und bleibt in der Mitte stehen

Druide Amairgen:
    Hoch über Dein Haupt lodere das Feuer!
    Glühend werde Dein ganzer Leib!
    Werde Flamme, werde Hitze!
    Athelstan! Tanze! Tanze!

Athelstan beginn langsam auf der Glut zu tanzen

Druide Amairgen:
    Drei Fässer voll Wasser verdampften,
    konnten Cúchulainns feurige Kampfesglut
    nicht löschen, nicht lindern, nicht enden, nicht kühlen –
    Laß Dein Feuer noch heißer werden!

    Laß es glutrot in Dir leuchten!
    Laß es glutrot über Dir leuchten!
    Laß es glutrot um Dich leuchten!
    Laß es glutrot in Dir leuchten!

König Athelstan tanzt immer schneller und beginnt Kriegsschreie zu schreien

Druide Amairgen:
    Laß es glutrot in Dir leuchten!
    Laß es glutrot über Dir leuchten!
    Laß es glutrot um Dich leuchten!
    Laß es glutrot in Dir leuchten!

Sir Art und die versammelten Krieger kommen herbei, während König Athelstan im Feuer tanzt und schreit und sie stimmen in die Kriegsschreie mit ein

Druide Amairgen:
    Laß es glutrot in Dir leuchten!
    Laß es glutrot über Dir leuchten!
    Laß es glutrot um Dich leuchten!
    Laß es glutrot in Dir leuchten!

1. Türmer:
    Die Feinde nahen! Sie stehen am Wald!
    Ein großes Heer! Sie kommen bald!
    Der Kampf muß beginnen! Der Angriff steht an!
    König Cathasach ist da!

König Athelstan:
    Auf! Auf! In den Kampf!
    Folgt mir! Folgt mir! Das Feuer ist mit uns!
    Dagda ist mit uns! Nuada ist mit uns!
    Auf! Auf! In den Kampf!

alle stürmen schreiend durch das geöffnete Burgtor hinaus, König Athelstan allen voran

4. Szene

- auf dem Feld vor der Burg -

die beiden Heere kämpfen erbittert

Sir Art:
    Stellt Euch, König Cathasach!
    Ist Euer Schwert schon stumpf?
    Ist Euer Mut schon bei den Ahnen?
    Nur ein Feigling flieht vor'm Kampf!

König Cathasach:
    Knecht eines Frauenheldes!
    Was willst Du denn hier im Kampf?
    Du trinkst noch Milch bei Deiner Mutter!
    Du wurdest mit der Magd gezeugt!

Sir Art:
    Sagt, wo wurdet ihr gezeugt?
    Im Ziegenstall? Im Pferch bei Schweinen?
    Einen Milchbart tragt Ihr noch –
    ist Euer Schwert nicht viel zu schwer?

König Cathasach:
    Ich hörte, daß ihr Frauen verschmäht,
    daß ihr die geilen Männer sucht?
    Ist das wahr? Ist das so?
    Oder seid ihr auch dafür zu feige?

Sir Art:
    Nun kämpft, pariert den Schlag!
    Ha! Gespalten ist der Schild!
    Verbeult ist Euer alter Helm!
    Wie lang sitzt der Kopf noch oben?

König Cathasach:
>Auch Euer Schild ist nun geborsten!
>Und Blut rinnt jetzt aus Eurer Seite!
>Wer wird wohl siegen, werter Art?
>Hört ihr schon die Krähen schrein?

Sir Art:
>Sie schreien laut – nach Eurem Aas!
>Hört Ihr fern die Wölfe heulen?
>Sie haben Durst nach Eurem Blut!
>Und die Raben kreisen über Euch!

König Cathasach:
>Da kommt Athelstan der König –
>Woher nur kommt die große Wut,
>mit der er um sich schlägt?
>Keiner der Krieger hält ihm stand!
>
>Die Schilde bersten, die Schwerter brechen,
>wohin er schlägt, wohin er sticht,
>die Männer fallen, die Krieger sinken,
>er alleine gegen zwanzig!
>
>Der Kriegsgott ist in ihn gefahren!
>Ihn wirft niemand von uns nieder!
>Flieht, Krieger, flieht! Hinfort!
>Sonst wird er uns alle töten!

König Cathasach und sein Heer fliehen

Sir Art:
>Ein einziger Mann besiegt ein Heer!
>Ein einziger Mann, voll von Feuer!
>Fort sind die Feinde, geflohen vor ihm,
>Fort sind die Feinde, in großer Angst!
>
>Doch was tut er da? Mein König!!!
>Ihr tötet Eure eigenen Leute!
>Haltet ein! Haltet ein!
>Der Kampf ist vorbei! Die Schlacht geschlagen!

>Ich bin Euer Mann! Sir Art!
>Hat euch der Blutrausch überfallen?
>Könnt ihr das Feuer nicht mehr lenken?
>Seid ihr in den Wahn gefallen?
>
>Flieht, Leute, flieht! Nur fort!
>Athelstan ist nicht bei Sinnen!
>Er tötet alles, was sich regt!
>Er sieht nicht mehr, was er hier tut!

alle rennen kopflos umher und suchen Schutz vor Athelstan

die Köchin Aelis schaut von des Schlosses Zinnen auf das Feld herab

Köchin Aelis:
>Athelstan ist ganz im Wahn!
>Der König weiß nicht, was er tut!
>Wie bei Cúchulainn dem Starken!
>Doch was sage ich denn da?
>
>Dieselbe List wie damals
>sollte doch auch hier gelingen!
>Frauen! Frauen! Kommt zum Tor!
>Rettet Eure Männer! Schnell!
>
>Fort die Kleider! Zieht euch aus!
>Lauft zum König, schnell!
>Umgebt ihn alle nackt und bloß,
>das wird seine Mord-Wut enden!
>
>Lauft mit mir und fort die Röcke!
>Fort die Blusen und die Mieder!
>Eure Schönheit wird ihn wieder
>zur Besinnung bringen! Schnell!

die Frauen des Schlosses folgen dem Ruf der Köchin, entkleiden sich und laufen zu Athelstan und umringen ihn

Köchin Aelis:
>Eure Brüste sind nun mächtiger
>als Eichenschilde, Eschenspeere,
>Eure Anmut kann das Feuer
>in eine bessr'e Richtung lenken!

König Athelstan hält beim Anblickt der nackten Frauen inne

Sir Art:
>Ein einziger Mann gewinnt die Schlacht
>und die Köchin rettet das Heer
>des eigenen wütenden Königs –
>hat man sowas je gehört?

Köchin Aelis:
>Schnell, ihr Männer, holt uns Wasser,
>fünf ganze, große Fässer voll!
>Cúchulainn brauchte vier,
>sein Feuer machte drei zu Dampf!

die Männer kommen mit einem Wasserfaß gerannt

Köchin Aelis:
>Hebt ihn in das kalte Wasser,
>daß es rasch sein Feuer kühle.
>Noch hält ihn der Brüste Anblick
>hier an seinen Platz gebannt!

Sir Art und zwei andere heben Athelstan in das Faß

Köchin Aelis:
>Rasch, wir brauchen gleich noch mehr!
>Das Wasser brodelt, das Wasser dampft!
>Das Feuer ist groß in uns'rem König!
>Ein zweites Faß! Ein zweites Faß!

die Männer bringen ein zweites und ein drittes Faß; Sir Art und zwei Männer heben ihn in das zweite Faß

Köchin Aelis:
>Das Wasser kocht und dampft noch immer,
>Welch eine Hitze ist in ihm!
>'Die ganze Kraft von zwanzig Stieren',
>so hieß es, solle in ihm sein!

Sir Art und zwei Männer heben ihn in das dritte Faß

Köchin Aelis:
>Der Dampf läßt nach, das Feuer schwindet,
>Der König kommt zu sich zurück –
>Das Heer ist gerettet, Gott sei Dank!
>Des Königs Augen sind wieder klar!

König Athelstan:
>Warum steh' ich hier im Wasser?
>Warum steh' ich hier in einem Faß?
>Ist der Kampf vorbei, beendet?
>Sagt, was ist denn hier gescheh'n?
>
>Und all' ihr Frauen – nackt und bloß?
>Warum? Bin ich im Paradies?
>War denn hier nicht bitt'rer Krieg?
>Sagt, was ist denn hier gescheh'n?

Sir Art:
>Ihr habt in Kampfwut voller Feuer,
>das Heer des Cathasach vertrieben.
>Doch dann begannt ihr Eure Leute
>mit Eurem Schwert wahllos zu töten.
>
>Ohne Aelis wär'n wir tot –
>beide Heere völlig vernichtet
>von demselben einzelnen Mann –
>König Athelstan dem Feurigen!
>
>Mit der Frauen großer Schönheit
>und des Wassers eisiger Kälte
>hat sie Euer Feuer gelöscht,
>sodaß Ihr wieder zu Sinnen kamt.

Der Druide Amairgen und Lady Aingeal kommen auf das Schlachtfeld

Druide Amairgen:
>Das ist der Fluch des mächtigen Dagda,
>der auf Eurer Sippe liegt:
>Wer das Schwert nimmt und den Speer,
>wird auch eigene Männer töten.

König Athelstan blickt nur stumm um sich
Bruder Abelard kommt auf das Schlachtfeld

Bruder Abelard:
>Besser wär's fürwahr gewesen
>hätte er das ganze Heer
>des dreisten Cathasach getötet
>und auch den frechen König selber!
>
>Dann hätten wir jetzt wirklich Ruhe.
>Wer weiß, wo er jetzt läuft und flucht,
>auf welche Weise er jetzt schon
>auf blutige Todes-Rache sinnt!

alle ab

3. Akt

1. Szene

König Athelstan alleine auf einem Turm der Burg

König Athelstan:
    Ein neuer Morgen dämmert wieder,
    was wird er mir wohl bringen?
    Was werden die Götter uns wohl senden?
    Was hat Gott Vater für uns bestimmt?

    Hier stehe ich – ein Mörder bin ich,
    ein Mörder meiner eigenen Leute …
    So viele Tote, so viel Blut,
    Und ich? – Wer bin ich? Ein König?

    All die Toten, die vielen Toten …
    Wollten sie nicht alle leben?
    Ein blutiger Krieg – nur wegen Liebe …
    Warum bringt Liebe nur so oft den Tod?

    Dagdas Fluch auf meinen Ahnen:
    Wer das Schwert nimmt, um zu kämpfen,
    wird seine eigenen Männer töten.
    Warum ich?! Ich habe nichts getan!

    Warum trage ich die Last,
    die meine Ahnen erschaffen haben?
    Ich will nur leben, einfach leben!
    Freude haben, lachen, lieben!

    So vieles zerrt an mir, dem König!
    Wenn ich nicht kämpfe, sterbe ich.
    Und wenn ich kämpfe, sterben andere.
    Ist Mord und Tod Teil meines Weges?

Sie schauen mich nun furchtsam an –
alle, die Knechte, die Ritter, die Mönche
und selbst meine eigene Frau –
nur weil ich kämpfen mußte.

Ich will den Frieden, ich will Freude!
Nichts will ich mehr als das …
Und dennoch muß ich Blut vergießen
und ein Mörder der Männer sein.

Wenn ich für Frieden und Leben kämpfe,
wenn ich die Liebe atmen lasse,
wenn ich Raum zum Wachsen gebe,
dann folgt Leiden, dann folgt Tod.

Ihr Götter, ist das denn gerecht?!
Ihr laßt mich Neues hier erschaffen –
und ich werde gemieden, verlassen;
als wenn ich den Aussatz hätte!

Wenn ich nur tue, was ich will,
sollte das zur Blüte führen
und nicht zu abgeknickten Zweigen!
Sag, Gott Vater, warum? Warum?

Und warum stehe ich bloß hier
zwischen Mönchen und Druiden,
die beide herrschen, lenken wollen?
Die Zeit ist zerrissen – und auch ich …

Wo kann ich nur Frieden finden?
Alles zieht und zerrt an mir!
Und wenn ich mir selber treu bin,
wird das Streicheln zur Krallenhand …

Und sag' mir, Cerridwen,
warum verletze ich mit Liebe,
warum leidet meine Frau,
die ich doch wirklich, wirklich liebe?

Ich bin zu hart, sagt sie mir,
doch ich tue nur einfach das,
was ich wirklich tuen muß,
meine Taten sind zu hart …

Soll ich nichts mehr tun? Garnichts?
Das kann es doch nicht sein – oder?
Soll ich handelnd andere verletzen?
Sind Blut und Wunden Teil des Lebens?

Sag mir, Dagda, was ist richtig?
Du hast mich doch so erschaffen –
ist das ein Teil des Ahnenfluchs?
Sag mir Dagda, was Du willst!

Wenn ich wählen könnte, Dagda,
wäre ich bestimmt kein König –
oder doch? Ich wär's wohl doch …
Ich will retten, lenken, bessern …

Aber ich bin auch ein lustiger Tänzer,
ein Gaukler, ein Narr, ein Luftikus –
und dann spotten alle heimlich
über den hüpfenden Narren-König!

Sollte ich streng sein? Mit mir und and'ren?
Sollte ich streben, arbeiten – mit Härte?
Sollte ich das tun, was alle wollen?
Doch wo bleib' dann ich? Wo?

Hat ein König keine Freiheit?
Haben Könige nur Schicksal?
Bin ich Sklave meiner Krone
oder krönt die Krone mich?

Ich will frei sein, ich selber sein,
doch ihr laßt mir wenig Raum,
ihr Götter, und auch Du, Gott Vater!
Der ganze Raum ist voll von Schicksal …

Wie soll nur der Keim gedeihen,
wenn der Wind so eisig bläst
und niemand das kleine Pflänzchen schützt
und in seinen Garten holt?

Als Kind bin ich geprügelt worden,
verletzt, mißbraucht, geschunden, allein …
Nun bin ich selber hilflos mit Kindern,
denn in mir weine ich selber als Kind …

Wie soll ich Geborgenheit geben,
wenn sie mir selber so sehr mangelt?
Ich falle raus, bin einsam, allein
gehöre nicht dazu, verstoßen …

Kann ich ein guter König sein?
Ein guter Mann? Ein guter Vater?
Sag, Dagda, sage es mir:
Was hast Du für mich bestimmt?

Mein Bruder sollte König werden,
er war drei Jahre älter als ich –
dann starb er auf der Wildschwein-Jagd,
mein Bruder, der Große, der Starke, der Kühne …

Nun bin ich König – ist das mein Platz?
Ich will Gutes tuen – ja!
Doch kann ich das? Gott Vater, sag!
Ich weiß es nicht, ich weiß es nicht …

Und es bleibt mir keine Zeit
die Antwort zu suchen, zu finden –
Cathasach lebt und sinnt Rache,
das Kämpfen wird bald weitergehn …

Ich will Leben schützen, fördern,
Ich will kein Leben töten, morden!
Ist das das Schicksal der Könige:
Nach Gutem streben – auf blutigem Weg?

Sag mir, Dagda, sprich zu mir!
Was ist ein Erdherr? Kann ich das werden?
Gibt es einen guten Weg,
ein Fürst, ein König, ein Herrscher zu sein?

es tritt ein: die Köchin Aelis

Köchin Aelis:

Mein König, ich suche euch schon lang,
Wollt Ihr heut' ein Festmahl richten
und euren Sieg mit allen feiern?
Soll ich alle in die Halle rufen?

Mein König, Ihr weint! Was ist gescheh'n?
Welch neues Leid ist zu Euch gekommen?
Es ist doch schon soviel, so arg,
was Ihr alles alleine tragt!

König Athelstan:

Dank Euch, Aelis, für die Rettung
aller unserer Männer gestern!
Danke Euch für Eure Fragen!
Es ist so viel, so viel, so viel!

Köchin Aelis:

Mein König, Krieg ist schrecklich und blutig,
doch bleibt Ihr selber, werdet nicht hart –
ihr habt getan, was Ihr konntet,
und mehr, als alle glauben konnten.

König Athelstan:

Ich habe getötet! Ich will doch das Leben!
Ich will Freude und Frieden und Liebe!
Und auf meinem Weg fließt Blut,
und viele Leichen liegen dort!

Köchin Aelis:
> Ihr seid der König und Ihr habt ein Herz –
> das ist nicht leicht, nein, wirklich nicht!
> Doch bleibt bei Euch und bleibt Euch treu –
> das Schicksal haben die Götter erschaffen.

König Athelstan:
> Das Schicksal der Götter fesselt mich!
> Wo ist meine Freiheit, wo?
> Das Ahnen-Schicksal bindet mich?
> Wo ist Raum nur für mein Herz?

Köchin Aelis:
> Mein König, Tränen sind gut –
> sie lassen die Schmerzen wieder fließen,
> Seid auch Kind, seid wieder Jüngling:
> auch das ist in Euch, und das seid ihr.
>
> Der König lenkt, doch das Kind muß weinen,
> Kommt, seid Kind, kommt her, mein König,
> kommt in meinen Arm, laßt los,
> Es ist viel und es ist schwer.
>
> Auch ein König muß nicht alles
> und auch nicht jedes alleine tragen,
> bewahrt Euch Euer gutes Herz,
> Es wird Euch die Richtung weisen.

der König weint in Aelis Armen
beide ab

2. Szene

- auf dem Wachturm -

es treten auf: zwei Türmer

1. Türmer:
> Wir leben noch – dank uns'res Königs
> und dank unserer guten Köchin …
> Das Leben ist schon ziemlich seltsam –
> Hast Du schon mal sowas gehört?

2. Türmer:
> Nein, sowas war noch nie zuvor.
> Hättest Du jemals dem König
> solch eine Kampf-Wut zugetraut?
> Ich nicht. Nicht diesem Narren-Tänzer.

1. Türmer:
> Wir sollten auch an den Druiden
> und an Lady Aingeal denken –
> denn sie haben des Königs Kampfeswut
> durch ihr Feuer erst entfacht!

2. Türmer:
> Was nun als nächstes kommen mag?
> Ein zweiter Kampf? Vielleicht doch Frieden?
> Ich glaube kaum, daß Cathasach
> nur schweigen und ruhig bleiben wird.

1. Türmer:
> Nein, eher nicht – er ist ein König,
> der Ruhm und seine Ehre achtet,
> und deshalb Rache nehmen wird –
> vielleicht schon bald, vielleicht erst später …

2. Türmer:
>Ein Glück, daß unsere Aelis
>die alten Sagen so gut kennt
>und sich an Cúchulainn entsann …
>Sonst lägen wir vielleicht im Grab.

1. Türmer:
>Unser König – fünfzig Frauen!
>Mit einer hat er nicht genug!
>Was jetzt wohl Lady Bláithin
>über den König denken mag?

2. Türmer:
>Ach, nun übertreib mal nicht!
>Er lag ja nicht mit allen im Bett!
>Und sie waren unsere Rettung –
>Venus hat den Mars besiegt …

1. Türmer:
>Vielleicht sollten wir daraus
>mal etwas wirklich Wichtiges lernen:
>Sollten wir nicht die Frauen herrschen lassen?
>Mütter achten mehr das Leben …

2. Türmer:
>Meinst Du wirklich? Ich weiß es nicht …
>Ich habe schon von Königinnen gehört,
>die gar schlimme Kriege führten …
>und Kriegerinnen tanzten im Blut.

1. Türmer:
>Es gibt sicher auch die Frauen,
>die das rauhe Schwert-Spiel lieben,
>aber alles in allem wär'n die Frauen
>doch wohl deutlich friedlicher.

2. Türmer:
    Alles nur noch Königinnen?
    Fürstinnen, Gräfinnen, Heldinnen, Wächterinnen?
    Und wir Männer? Was wird aus uns?
    Aber wir haben den stärkeren Arm …

1. Türmer:
    Ja, daran wird das wohl immer scheitern,
    solange noch die Stärke entscheidet.
    Aber es wäre doch schön, nicht wahr?
    Mütter würden das Leben schützen.

2. Türmer:
    Das sind doch nur Träume!
    Kannst Du Dir wirklich Männer denken,
    die sich von Frauen lenken lassen?
    Wir sind doch alle viel zu stur!

1. Türmer:
    Ich fürchte, Du hast recht damit.
    Aber so ein Frauen-Frieden
    wär' doch wirklich mal was and'res
    als dauernd diese Männer-Kriege.

2. Türmer:
    Das ist schon wahr, was Du da sagst!
    Sterben, weil sich Könige streiten –
    Ist denn das ein Lebensziel?
    Krieg ist eins der größten Übel!

1. Türmer:
    Vielleicht wird das auch and're Wege
    und an'dre Pfade dorthin geh'n –
    Vielleicht lernen beide, Männer
    und Frauen einst noch was dazu!

2. Türmer:
>Du bist ein Schwärmer und ein Träumer!
>Glaubst Du wirklich, das könnt' sein?
>Nein, in hundert Jahren nicht
>und ebenso nicht in tausend Jahren!

1. Türmer:
>Aber beginnt nicht wirklich alles,
>was sich ändert, mit einem Traum?
>Was würde sich bewegen, wenn niemand
>weiter denkt und sucht und strebt?

2. Türmer:
>Es ist schon recht, einmal zu träumen,
>doch wir sind nun hier und jetzt.
>Dort müssen wir handeln und leben und sprechen,
>woanders können wir nicht sein.

1. Türmer:
>Aber es ist doch durchaus sinnvoll,
>da, wo wir sind, auch klar zu sehen,
>wohin wir wollen, was wir wollen,
>statt uns nur träge treiben zu lassen!

2. Türmer:
>Du hast schon recht, das ist schon gut,
>doch laß uns nun schauen, was der Rat beschließt,
>der jetzt gerade in der Halle tagt –
>und ohne uns die Zukunft beschließt …

3. Szene

- in der Halle des Königs -

es treten ein: König Athelstan, Lady Bláithin, Gaukler Awen, Sir Art, Meister Avallach, Bruder Aurin, Bruder Abelard, Bruder Alaric, Druide Amairgen, Lady Aingeal, Köchin Aelis

König Athelstan:
    König Cathasach ist vertrieben,
    doch er ist nicht tot, er lebt –
    und er wird auf Rache sinnen.
    Was sollen wir nun tun?

Sir Art:
    Wir müssen angreifen, jetzt, sofort!
    Er darf sich nicht erholen können,
    Wir müssen ihn töten, sonst tötet er uns!
    Wir dürfen nicht zögern, nicht zaudern, nicht warten!

Bruder Abelard:
    Sir Art hat recht, es eilt – fürwahr!
    Wir müssen als erste schlagen und siegen.
    Zumal sie alle Heiden sind
    und an die Kelten-Götter glauben!

König Athelstan:
    Diese Götter haben uns gestern
    beschützt und uns alle hier gerettet!
    Und ich will nicht noch mal kämpfen!
    Ich will nicht noch mehr Blut und Tote!

Bruder Abelard:
    Geben wir doch Bláithin
    zurück zu König Cathasach –
    dann wird er zufrieden sein
    und mit uns wieder Frieden halten.

Lady Bláithin:
>Seid Ihr dann ganz verrückt geworden?
>Ich bin doch keine fette Kuh,
>die Ihr auf dem Markt verhökert!
>Ich bleib' hier bei Athelstan!

Lady Aingeal:
>Wenn wir die Liebe nicht mehr achten,
>dann werden wir uns selbst verlieren,
>dann werden unsere eigenen Herzen
>uns fremd und öd und leer und tot!

Bruder Aurin:
>Wir müssen jetzt mit ihnen reden!
>Es wird schon eine Lösung geben!
>Jeder Zwist kann entknotet werden –
>mit Geschick … oder mit dem Schwert.

Sir Art:
>Träumer! Cathasach will Rache!
>Was glaubt ihr, wird er mit euch tun,
>wenn Ihr zu ihm geht und sagt:
>Ich würde gerne mit Euch reden?

Meister Avallach:
>Das übliche in solcher Lage
>ist das Zahlen eines Wergelds –
>genügend Gold beruhigt noch immer
>ein jegliches erhitztes Gemüt.

König Athelstan:
>Nach so vielen Toten ein Wergeld zahlen?
>Wir können ihm gleich das Königreich schenken!
>Und was ist mit Bláithin,
>die er noch immer für sich verlangt?!

Lady Bláithin:
>Ich bleibe hier bei Athelstan.
>Ich bestimme selbst allein,
>bei wem ich bin, wohin ich geh!
>Hier ist kein Viehmarkt!!! Ist das klar?!

Bruder Alaric:
>Es sollte doch irgendwie möglich sein,
>in ruhigem Frieden zusammen zu leben,
>in dem jeder seinem Willen folgt
>und den Willen des anderen achtet!

Sir Art:
>Noch ein Träumer! Noch ein Schläfer!
>Waffen sind, was überzeugt,
>wenn Feinde vor den Toren stehen –
>und nicht schöne Worte, vage Träume …

Bruder Abelard:
>Hier ist Feindschaft: Christ und Heide,
>Athelstan und Cathasach,
>wir alle hier, sie alle dort –
>Wer soll sterben von den beiden?

Meister Avallach:
>Wir müssen verhandeln, denn Krieg zerstört,
>Kampf bringt Tod, Vernichtung, Verlust –
>welcher Kaufmann würde das wollen?
>Sollten wir nicht so vernünftig sein?

König Athelstan:
>Worüber wollt ihr verhandeln, Meister?
>Wergeld? Lady Bláithin?
>Verzicht auf Rache? Verzicht auf Ehre?
>Womit wollt Ihr zu ihnen geh'n?

Druide Amairgen:
    Das ist alles zu kurz gedacht.
    Ein Fluch liegt auf Athelstans Sippe –
    wenn wir ihn nicht lösen können,
    wird der Wille der Götter uns schaden.

Bruder Abelard:
    Keine Kelten-Götter mehr!
    Schluß mit diesem Heiden-Zauber!
    Sucht das Heil in unserer Kirche!
    Alles andere führt zum Tod!!!

König Athelstan:
    Der Fluch ist da – von Dagda erschaffen.
    Wer soll ihn lösen, wenn nicht er?
    Doch wie kann das geschehen, wie?
    Ich weiß kaum etwas über Dagda …

Köchin Aelis:
    Wenn nur jeder das erhält,
    was er wirklich will und braucht,
    – Speise, Trank, Umarmung, Liebe –
    dann wird Frieden sein im Land.

König Athelstan:
    Wie soll'n wir das erreichen können?
    Selbst Druiden kennen keinen Zauber,
    aus einer Bláithin zwei zu machen …
    Und das wird Cathasach bald fordern!

Gaukler Awen:
    Ach, es ist doch völlig einfach:
    Athelstan und Bláithin
    ziehen weit, weit fort
    und leben dort in tiefem Frieden.

König Athelstan:
>Das ganze Reich an Cathasach geben?
>Ihr und alle and'ren Sklaven?
>Die Krieger erhängt? Die Frauen mißbraucht?
>Ich bleibe hier! Ich bin der König!

Lady Aingeal:
>Können wir dem zürnenden König
>nicht uns're ehrliche Freundschaft bieten?
>Laßt uns ihm die Hände reichen!
>Laßt uns in Frieden zu ihm gehen!

König Athelstan:
>Reiche ihm die Hand – er schlägt sie ab.
>Cathasach will Rache!
>Das verlangt die Ehre und der Brauch,
>das ist unserer Ahnen Art …

Gaukler Awen:
>Und wenn ihr jetzt alle beide,
>Athelstan und Cathasach,
>Bláithins Gatten werdet?
>Dann hätten alle, was sie wollen …

Blaithin:
>Bist Du jetzt vollkommen von Sinnen?
>Ich will ihn nicht! Niemals! Nie!
>Ich will König Athelstan.
>Und jetzt kein Geschacher mehr!!!

König Athelstan:
>Wir müssen zuerst den Fluch auflösen,
>der auf meinen Ahnen liegt
>und daher leider auch auf mir.
>Amairgen – sag, was sollen wir tun?

Druide Amairgen:
>Wir kennen den Fluch nicht wirklich genau.
>Daher müssen wir Deinen Urahn
>rufen und nach dem Fluch befragen.
>Er wird uns weiterhelfen können.

Bruder Abelard:
>Den Urahn rufen? Der ist doch tot!
>Und die Toten schweigen ewig,
>die liegen still und rühren sich nicht!
>Ihr redet völlig wirr und irr!

Druide Amairgen:
>Wir werden den Toten wecken, rufen –
>und er wird zu uns kommen, sprechen,
>denn die Ahnen sorgen sich
>um ihre Söhne und Kindeskinder.

König Athelstan:
>Ich höre das nicht gerne, nein!
>Die Geister sollten im Jenseits bleiben.
>Aber ich habe Taliesin ertragen –
>und jetzt auch den Urahn meines Ahnen.

Bruder Abelard:
>Das ist übler Heiden-Zauber!
>Höllen-Werk und Teufels-Tat!
>Kommt, Brüder, wir gehen jetzt!
>Athelstan redet im Wahn!

Bruder Abelard geht zur Tür, Bruder Aurin folgt ihm, Alaric zögert

Bruder Abelard:
>Was ist mit Euch, Alaric?
>Kommt ihr? Oder bleibt Ihr hier?
>Lockt Euch das Teufels-Zeug so sehr?
>Ihr seid Mönch – und nicht Druide!

Bruder Alaric:
>Ich bin Mönch, doch mehr noch Mensch,
>und ich bin Druide gewesen.
>Und werde alles mir Mögliche tun,
>Um uns alle vor Krieg zu bewahren!

Bruder Abelard und Bruder Aurin ab

Sir Art:
>Redet so lange ihr nur wollt!
>Ich gehe, das Heer zu sichten und zu ordnen –
>das ist bei weitem das Wichtigste hier!
>Meister Avallach? Helft Ihr mir?

Sir Art und Meister Avallach ab

Köchin Aelis:
>Geister sind nicht meine Sache,
>ich backe Brot und koche Suppen.
>Ich wünsche euch allen, daß das gelingt,
>was ihr nun gemeinsam tuen wollt!

Köchin Aelis ab

König Athelstan:
>Wer ist mutig und noch hier?
>Lady Blaíthin und Awen,
>Amairgen und auch Alaric
>und Ihr, Lady Aingeal.
>
>Druide Amairgen, meine Lady,
>ihr seid die Weisen unter uns,
>nehmt ihr die Sache in die Hand,
>und tut, was nun getan werden muß.

4. Szene

- bei den Hügelgräbern hinter der Burg -

König Athelstan:
    Amairgen, wer ist der Ahn,
    den Dagda einst verfluchte?
    Wer ist es, den wir sprechen müssen?
    Weißt Du noch seinen Namen?

Druide Amairgen:
    Er war ein König vor vierhundert Jahren,
    er hieß Cuidightheach,
    er liebte den Krieg mehr als das Land,
    er war Euer Urahn, König.

König Athelstan:
    Und wir sechs wollen ihn jetzt rufen?
    Heraus aus seinem Hügelgrab?
    Wohnt er in diesem großen Hügel?
    Wißt Ihr wirklich, was Ihr tut?

Druide Amairgen:
    Durch die weite Reise ins Jenseits
    wird ein Mann erst zum Druiden;
    dies lernt der Seher als erstes –
    das leuchtende Band zu den Ahnen zu wahren.

König Athelstan:
    Wohlan! Leitet uns! Es sei!
    Ihr vier anderen? Wollt ihr bleiben?
    Oder wollt ihr lieber gehen?
    Niemand wird euch deshalb tadeln.

Lady Aingeal:
    Ich fürchte die Lebenden deutlich mehr
    als die Toten in den Hügeln.
    Unsere Ahnen sind uns freundlich,
    sie sind uns allen wohlgesonnen.

Bruder Alaric:
>Ich war im Jenseits, dort bei Dagda,
>als ich einst Druide wurde,
>ich trug den gold'nen Ring der Sonne,
>ich habe am Hügel dreimal gerufen.

Lady Bláithin:
>Ich will Rat und Hilfe finden,
>um das Morden zu beenden;
>dafür spreche ich auch mit den Toten,
>mögen sie kommen – ich weiche nicht.

Gaukler Awen:
>Ich habe schon gar vieles gesehen,
>aber mit einen Toten gesprochen
>habe ich bisher noch nicht.
>Mir ist Neues stets willkommen!

König Athelstan:
>Nun, Amairgen, dann beginne.
>Möge Dagda freundlich sein!
>Möge Nuada über uns wachen!
>Möge Cerridwen mit uns sein!

Druide Amairgen:
>Hügel der Toten, öffne Dich!
>Berg der Seelen, öffne Dich!
>Riesen-Tor, öffne Dich!
>Seelen-Weg, öffne Dich!
>
>Ich rufe Dich Feuer, entzünde den Berg,
>laß das Bestattungsfeuer flammen,
>das Feuer, das die Tore öffnet,
>das Feuer, das in uns allen brennt!
>
>Hügel des Cuidightheach!
>Öffne den Gang, der in Dich führt!
>Öffne das alte, steinerne Tor!
>Öffne die Kammer im Herzen des Hügels!

Gaukler Awen:
>Seht doch nur! Der Hügel glüht!
>Flammen lodern aus Spalten empor!
>Glut glimmt überall unterm Gras!
>Eine Waberlohe formt sich!

Druide Amairgen:
>Geist des Cuidightheach!
>Hier steht ein König, er ist Dir verwandt:
>er ist Fleisch von Deinem Fleische,
>er ist Blut von Deinem Blut.
>
>Komm und hilf ihm, alter König,
>Wir brauchen dringend Deinen Rat;
>Hilf uns in unserer großen Not –
>sonst könnte Dein Haus enden.

Gaukler Awen:
>Das Gras bewegt sich, die Erde regt sich!
>Öffnet sich nun dieser Hügel?
>Ich sehe eine Höhle, einen Gang!
>Voller Dunkelheit, voller Flammen!

Druide Amairgen:
>Geist des Cuidightheach!
>Ich danke Dir, daß Du jetzt kommst,
>daß Du die weite Reise machst
>über den Toten-Fluß zu uns.

der Geist des Cuidightheach steigt aus dem Gang des Hügelgrabes empor

König Cuidightheach:
>Amairgen, Du hast mich gerufen.
>Was willst Du von mir wissen?
>Sprich, ich bin nicht gerne hier.
>Was ist es, was ihr braucht?

Druide Amairgen:
> Einst hat Göttervater Dagda
> Dich mit einem Bann belegt.
> Warum? Und wie läßt er sich lösen?
> Der Fluch bringt uns in große Not.

König Cuidightheach:
> Dagda war mit uns geduldig,
> doch nicht geduldig ohne Ende:
> Unsere Gier, die Sucht nach Macht,
> der neue Glaube erzürnten ihn.

Druide Amairgen:
> Taliesin kam zu uns und sprach
> daß der König ein Erdherr sei,
> wenn er dem Willen des Dagda folgt.
> Ist dieser Weg noch offen für uns?

König Cuidightheach:
> Der Erdherr ist der gute König,
> der für sein Land stets lebt und wirkt.
> Es ist ein sehr alter Weg,
> fast vergessen in Eurer Zeit.

Druide Amairgen:
> Kann ein König auch heute noch
> zu einem wahren Erdherrn werden?
> Ist das die Lösung des alten Fluchs?
> Sag, was können wir jetzt tun?

König Cuidightheach:
> Der Erdherr war ein Weg,
> ein guter Weg in alter Zeit.
> Ihr werdet neue Wege suchen
> und neue Pfade finden müssen.
>
> Ich gebe euch ein Rätsel als Rat:
> Was ist gute, belebende Macht?
> Was ist einzig die Heilung von Gier?
> Was ist eine Brücke über den Abgrund?

Was verbindet alte Feinde?
Was ist die Quelle jeder Heilung?
Wie findet man den neuen Weg?
Diese Verse gibt euch Dagda.

Meine Worte sind gesprochen.
Meine Taten sind getan.
Möget ihr finden, was ihr sucht.
Ich gehe nun – in meine Welt.

Druide Amairgen:
Danke, Cuidightheach!
Dank Dir für Dein Kommen,
Dank Dir für Deine Worte,
Dank Dir für Deine Hilfe!

Gaukler Awen:
Seht, der Hügel schließt sich wieder,
die Flammen verlöschen, das Glühen schwindet,
der Gang wird dunkel, das Tor verschließt sich ...
Fort ist er, der alte Geist!

König Athelstan:
Awen, altes Plappermaul!
Kannst Du den Mund nicht einmal halten,
Wenn sich die Toten und die Lebenden
treffen und miteinander beraten?

Gaukler Awen:
Ich habe wirklich nur gesprochen,
bevor er kam, und dann erst wieder,
nachdem er dann gegangen war.
Kein Grund für Tadel! Kein Grund für Rüge!

Druide Amairgen:
Schweigt, ihr beiden, schweigt jetzt still!
Denn es gibt Wichtigeres zu tun!
König Athelstan, sag',
entsinnst Du Dich der Antworten?

König Athelstan:
> Da waren Fragen … viele Fragen …
> Etwas mit Gier und was mit Heilung …
> Geisterworte sind nur schwer zu merken –
> da war auch noch etwas mit Feinden …

Druide Amairgen:
> Alaric, bist Du noch würdig,
> von uns ein Seher genannt zu werden?
> Sprich – was waren die Worte des Geistes?
> Kannst Du sie uns noch alle sagen?

Bruder Alaric:
> Sechs Fragen sagte uns der Geist:
> Was ist gute, belebende Macht?
> Was ist die einzige Heilung von Gier?
> Was ist eine Brücke über den Abgrund?
>
> Was verbindet alte Feinde?
> Was ist die Quelle jeder Heilung?
> Wie findet man den neuen Weg?
> Dies war es, was er sprach.

König Athelstan:
> Es geht also um Gier und Macht
> und um Brücken zwischen Feinden,
> und auch um einen neuen Weg
> und letztlich um die Heilung – unsere?

Lady Bláithin:
> Rätsel als Antwort – zweimal drei Rätsel …
> Ist es immer Geisterart,
> Fragen mit Fragen zu erwidern?
> Ich seh' noch nicht, wie uns das hilft …

Druide Amairgen:
> Die Rede der Toten ist mal schlicht,
> mal Frage, mal Rätsel, mal Weisheit, mal Schweigen …
> das weiß man jedoch nie zuvor,
> doch sie birgt die Hilfe in sich.

König Athelstan:
>Dann sag' uns, was die Worte sollen,
>was mein Urahn damit wollte!
>Was ist sein Plan? Was ist sein Weg?
>Was soll ich tun? Wo geht es lang?

Druide Amairgen:
>Es gibt einen Weg – das zeigen die Rätsel.
>Der Weg ist nicht leicht – das zeigen sie auch.
>Es ist nötig, den Weg zu suchen.
>Und wir wissen: Der Weg ist neu.

Lady Aingeal:
>Das bedeutet alles zusammen:
>Wir suchen den schweren, neuen Weg.
>Soweit führt uns der Verstand.
>Doch die Fragen enthalten mehr.

Bruder Alaric:
>Die Verwandlung der Macht ist wichtig
>zu einer das Leben fördernden Macht.
>Der Weg verbindet als Brücke Getrenntes
>und er verbindet auch Feinde.

Lady Aingeal:
>Der neue Weg führt nun demnach
>fort von der zerstörenden Macht
>und hin zu der heilenden Macht.
>Somit steht der König in der Mitte.

König Athelstan:
>Wieso stehe ich in der Mitte?
>Es ist doch nirgends vom König die Rede?
>Ich habe natürlich letztlich die Antwort
>auf unsere gefährliche Lage gesucht.

Lady Aingeal:
>Wer hat die ganze Macht im Lande?
>Der König, der Herrscher, der Fürst – Ihr!
>Wer kann daher allein die Macht verwandeln?
>Der König, der Herrscher, der Fürst – Ihr!

Druide Amairgen:
>Es wird Heilung gebraucht, sagt er,
>die Krankheit ist Gier, sagt er auch,
>Es gibt Heilung, hat er gesagt,
>und die Heilung hat eine Quelle.

Lady Aingeal:
>Wir suchen also die klare Quelle,
>deren Wasser alle Krankheit heilt,
>und die auch die Gier verwandelt
>und mit ihr dann wohl auch die Macht.

Gaukler Awen:
>Warum hat er uns denn nicht
>einfach die Quelle selber gezeigt,
>Ihren Ort, ihr Wesen, ihren Namen?
>Dann wären wir jetzt schon am Ziel!

Druide Amairgen:
>Die Frage ist die beste Antwort,
>wenn der Fragende sich selbst erkennen
>und in sich selbst die Antwort finden
>und dadurch wirklich wissen soll.

König Athelstan:
>Und da ich die Macht besitze,
>muß ich wohl diese Quelle finden ...
>Doch wo soll ich sie denn nur suchen?
>In meinem Reich? Bei den Göttern?

Bruder Alaric:
    Vielleicht liegt diese Quelle
    auch in etwas, das einzig Euch
    zugänglich ist, mein König.
    Wo könnte solch ein Ort denn liegen?

König Athelstan:
    Mein Schlafgemach? Mein Bad? Nein.
    Wohin kann niemand außer mir?
    In meinen Geist und in mein Herz.
    Liegt dort die Quelle der Verwandlung?

Druide Amairgen:
    Ich höre Cuidightheach!
    Er spricht in mir, er spricht zu mir.
    Ihr habt die weise Frage gestellt,
    die das Tor nun öffnet, sagt er.

    Ich höre Cuidightheach:
    Er ruft die Göttin Cerridwen,
    lausche, König, ihren Worten!
    Sie spricht nun direkt zu Euch.

König Athelstan:
    Ich höre nichts – ich kann sie fühlen,
    und ich sehe blasse Bilder:
    einen großen Kessel, Wasser,
    einen Baum, einen Mann,

    einen Hügel – der des Ahns?
    jetzt höre ich drei laute Schreie,
    und jetzt auch Harfenklang,
    ich trinke Met aus einem Horn,

    das Horn ist aus reinem Gold gefertigt,
    der Trank gibt Kraft, er segnet mich …
    Was bedeuten diese Bilder?
    Amairgen, kannst Du sie verstehen?

Druide Amairgen:
>Die Bilder sind klar, jeder Druide
>kann sie Dir schnell und mühelos deuten:
>Die Jenseitsreise der Druiden
>– und einstmals auch der Könige.

König Athelstan:
>Ich soll mich auf alte Weise
>nochmal aufs Neue krönen lassen?
>Ist das der Weg zu der Lösung der Rätsels
>des Königs Cuidightheach?

Druide Amairgen:
>Ja, so sieht es für mich aus.
>Doch es ist sicher nicht nur das,
>denn das Rätsel sprach von Neuem
>und von einer Quelle – in Dir.

König Athelstan:
>Dann will ich mich jetzt sogleich
>auf die alte Weise krönen lassen.
>Ich kenne nicht den ganzen Weg,
>doch ich sehe den ersten Schritt!

5. Szene

- in der großen Halle des Königs -

es treten auf: König Athelstan, Lady Bláithin, Gaukler Awen, Sir Art, Meister Avallach, Bruder Aurin, Bruder Abelard, Bruder Alaric, Druide Amairgen, Lady Aingeal, Köchin Aelis

Druide Amairgen:
>König Athelstan, mein Herr,
>in alter Zeit dauerte die Krönung
>des Fürsten viele Tage –
>doch wir haben nur wenig Zeit.

Der König mußte ins Jenseits reisen,
um zu Dagda zu gelangen;
dafür mußte er selber sterben –
das nannte man den dreifachen Tod.

Der König stürzte in die Tiefe
und der König ertrank im Wasser
und der König hing am Baum.
dies waren seine drei Tode.

Er wurde an einen Baum gebunden,
der Baum in einen Schacht versenkt,
der Schacht dann ganz mit Wasser gefüllt,
sodaß der König fast ertrank.

So reiste der König damals ins Jenseits,
begegnete Dagda, begegnete Nuada,
drehte das Rad der strahlenden Sonne,
wurde zum Sohn des Göttervaters.

Dann kehrte der König ins Diesseits zurück,
vom Harfner sanft herbeigerufen,
von den Druiden wiederbelebt,
aus Cerridwens Kessel wiedergeboren.

Wenn der König wieder lebte,
trank er aus dem Horn den Met,
rief er die drei lauten Schreie
auf dem alten Hügelgrab.

Doch nun eilt es uns gar sehr,
So werde ich Dich mit mir nehmen,
wir werden zusammen zu Dagda gehen,
und ihn bitten, Dein Vater zu werden.

Bist Du bereit dazu, mein König?
Du hast Mut, das hast Du gezeigt.
Kannst Du auch dem Tod begegnen?
Und Dagda in die Augen blicken?

König Athelstan:
    Ich bin bereit, führe mich,
    ich folge Dir auf Deinem Weg
    zu den alten Göttern,
    denn dies scheint der Weg der Heilung zu sein.

Druide Amairgen:
    Wollt ihr beide mir dabei helfen?
    Ihr, Bruder Alaric?
    Und Ihr, Lady Aingeal?
    Dann wäre unsere Reise leichter.

Bruder Alaric:
    Ich bin bereit, Dir jetzt zu helfen,
    den König zu Dagda zu begleiten.
    Möge seine Fahrt sanft sein!
    Möge seine Rückkehr gelingen!

Lady Aingeal:
    Um den Frieden zu uns zu holen,
    würde ich weit mehr noch tun,
    als König Athelstan und Euch
    auf Dagdas Wegen zu begleiten

Lady Bláithin:
    Ich helfe euch auch. Ich weiß wenig.
    Aber wenn mein Liebe ein Schutz ist,
    dann wird er gut behütet sein
    auf den dunklen Pfaden der Toten.

Köchin Aelis:
    Auch ich werde euch dabei helfen.
    Mir sind diese Wege fremd,
    doch ich kenne die Wächter-Lieder
    und werde sie leise für euch singen.

Druide Amairgen:
>Und Ihr, Bruder Abelard?
>Und auch Ihr, Bruder Aurin?
>Wollt ihr auch eurem König helfen?
>Wollt ihr auch unser Leben schützen?

Bruder Aurin:
>Ich will das finden, was wirklich wahr ist,
>und das ist kaum an Namen gebunden.
>Ich kann euch mit wachen, offenen Augen
>und einem aufrichtigen Herzen begleiten.

Bruder Abelard:
>Mir widerstrebt das heidnische Tun,
>aber der Schutz unseres eigenen Lebens
>verbindet uns alle auf diesem Weg.
>Möge Gott uns sicher führen!

Sir Art:
>Ich kenne den Tod. Ich kenne ihn gut.
>Dreimal schon habe ich erlebt,
>daß ich über mir selber schwebte
>und meinen Körper verlassen hatte.
>
>Der Anfang der Reise ist mir vertraut,
>auch wenn ich niemals bei Dagda war.
>Wenn dies Dir helfen kann, o König,
>dann nimm auch das an, was ich gebe.

Meister Avallach:
>Ich werde alles Mögliche tun,
>was das Gedeihen fördern kann;
>Ich werde hier sein und Dagda bitten,
>euch und uns hierbei zu helfen.

Gaukler Awen:
>Ich weiß nicht, ob ich nützlich bin –
>ich kann springen, hüpfen, tanzen,
>vielleicht ist auch dies ein Großer Sprung –
>dann will ich mit Euch ins Jenseits springen!

König Athelstan
>Danke! Ich danke euch allen sehr!
>Das ist mehr, als ich zu hoffen wagte!
>So kann die Reise nur gelingen,
>So wird am Ende alles gut!

Druide Amairgen:
>Legt Euch hier nieder, mein König.
>Kommt, Bruder Alaric,
>und auch Ihr, Lady Aingeal
>Setzt euch zu seinen beiden Seiten.
>
>Lady Bláithin, kommt her,
>setzt euch zu seinen Füßen hin;
>und ich selber habe meinen Platz
>hier vor des Königs Haupt.
>
>Ihr anderen, setzt euch nun bitte
>in einem Kreis rings um uns her.
>Helft, wie ihr helfen könnt,
>und laßt uns nun den Weg beginnen.

alle setzen sich wie angewiesen hin

Druide Amairgen:
>Deine Füße werden schwer, mein König,
>Deine Beine werden schwer, mein König,
>Dein Rücken wird nun schwer, mein König,
>Dein Bauch wird nun schwer, mein König,
>
>Deine Arme werden schwer, mein König,
>Dein Hals wird nun schwer, mein König,
>Dein Kopf wird nun schwer, mein König,
>Dein Gesicht wird schwer, mein König.
>
>Deine Füße werden warm, mein König,
>Deine Beine werden warm, mein König,
>Dein Rücken wird nun warm, mein König,
>Dein Bauch wird nun warm, mein König,

Deine Arme werden warm, mein König,
Dein Hals wird nun warm, mein König,
Dein Kopf wird nun warm, mein König,
Dein Gesicht wird warm, mein König.

Dein Leib beginnt zu leicht zu schwanken,
Dein Leib beginnt empor zu schweben,
Dein Leib beginnt sich zu erheben,
Du erhebst Dich wie ein Vogel.

Siehe, wir sind neben Dir:
Alaric und Aingeal
und auch ich selber, Amairgen.
Folge uns, flieg mit uns.

Siehst Du die Weite? Siehst Du das Meer?
Tags ist er der Göttervater Dagda,
des Nachts ist er jedoch Nuada,
der Sonnengott im Jenseits-Meer.

Sieh' das goldene Sonnenrad
in den tiefen, kühlen Fluten –
das ist Dein Ziel, dort ist Nuada.
Gehe jetzt zu ihm, mein König.

König Athelstan:
Ich sehe ihn, ich bin bei ihm,
er sieht mich an, er ist bei mir,
sein Licht ist hier, ich bin im Licht,
er ist sein Licht, ich bin das Licht.

Er spricht wortlos Worte zu mir,
Ich sehe Bilder, ich sehe mich,
Ich sehe den Weg, er hat keinen Namen,
ich werde ihn erst noch benennen müssen.

Hier bin ich Nuada – nein, sein Sohn,
Und ich werde wie Dagda sein –
nein, sein wiedergeborener Sohn,
Er wird mit mir und in mir sein.

Druide Amairgen:
>Ist nun Dagdas Fluch gelöst,
>der auf Deinen Ahnen lastet?
>Bist Du nun von ihm befreit
>und kannst nun eigene Schritte tun?

König Athelstan:
>Nein, der Fluch ist nicht gelöst,
>doch er wird sich lösen können,
>wenn ich das Licht des Sonnen-Dagda
>in meine Taten fließen lasse.

Druide Amairgen:
>Dann laß' Dir Zeit dort wo Du bist.
>Schau, was noch zu tuen ist.
>Tue dies und danke, wenn Du willst.
>Dann kehr' mit uns hierher zurück.

eine Weile Schweigen

König Athelstan:
>Ich bin zurück. Habt Dank, ihr alle!
>Der Fluch ist gelockert, beinahe gelöst,
>und ich habe das Licht des Dagda gesehen
>und Dagda wird mich jetzt begleiten.

6. Szene

- auf einem Turm -

es treten auf: König Athelstan, Bruder Abelard, Bruder Aurin, Bruder Alaric

Bruder Abelard:
>Mein König, so kann es nicht weitergeh'n!
>Der Druide hat doch schon
>die Herrschaft in Eurem Reich ergriffen!
>Eure heidnische Krönung! Nein!

So darf das nicht weitergehen!
Ihr seid Christ! Vergeßt das nicht!
Wollt Ihr in der Hölle brennen?
In schrecklichen Qualen ewig leiden?

Jagt sie davon, diese Druiden!
Amairgen und auch Aingeal!
Und auch Bruder Alaric,
wenn dieser sich nicht wieder besinnt!

König Athelstan:
Ohne den Druiden Amairgen
würden wir schon nicht mehr leben!
Ohne seinen Feuerzauber
hätte Cathasach gesiegt!

Bruder Abelard:
Ihr hätte besser zu Gott Vater
gefleht und gebetet, dort Schutz gesucht!
Das wäre wirksamer gewesen –
und ihr wärt nun sicher beschützt.

König Athelstan:
Das hätte den Fluch auch nicht gelöst.
Seid dankbar dafür, daß wir noch leben
und laßt Amairgen seinen Frieden!
Ich werde ihn nicht von hier jagen!

Bruder Abelard:
Wer hat denn den Fluch verhängt?
Dieser üble Heidengott!
Wer verehrt den Fluchenden?
Dieser falsche Kelten-Druide!

König Athelstan:
Der Fluch war eine gerechte Strafe
für die Taten meiner Ahnen.
Straft nicht auch Euer Vater-Gott,
für die Vergehen seiner Kinder?

Bruder Alaric:
>Götter strafen – das ist bekannt.
>Doch das ist nicht das wirklich Wichtige!
>Die Götter lieben ihre Schöpfung
>und dazu zählen auch wir Menschen.

Bruder Aurin:
>Könnten die Strafen nicht schlicht und einfach
>Folgen unserer Taten sein?
>Keine Strafen, sondern Folgen?
>Wie Stolpern, wenn ich nicht aufmerksam bin?

Bruder Abelard:
>Gottes Wille ist Gesetz!
>Und aus dem Gesetz folgt Strafe!
>Nur auf diese eine Weise
>folgt der Mensch allzeit dem Guten!

Bruder Aurin:
>Das scheint mir brüchiges Eis:
>Die Regel im Außen, Gehorsam im Innen –
>wo ist der wache Seemann,
>der sein Schiff stets sicher lenkt?

Bruder Alaric:
>Es gibt doch in jedem Menschen
>eine Seele – Gottes Kind!
>Liegt in ihr nicht genügend Weisheit,
>um dem guten Weg zu folgen?

Bruder Abelard:
>Die Seele ist klein und ohne Weisheit,
>nur Gott ist groß und wirklich weise,
>deshalb führt nur der Gehorsam
>zu dem Guten in der Welt!

König Athelstan:
>Der Wille des Menschen gestaltet das Leben,
>muß nicht der Wille in jedem leuchten?
>Müssen wir nicht unser Herz befragen?
>Müssen wir nicht unserer Seele folgen?

Bruder Abelard:
>Dann folgt der Blinde nur dem Blinden!
>Die Seele Wissen ist nur Stückwerk!
>Das ist weit schlimmer als nichts zu wissen!
>Sie bildet sich ein, den Weg zu kennen!

Bruder Aurin:
>So betrachtet ist Gehorsam
>natürlich gut und richtig und weise.
>Doch wie erkennen wir, wem wir
>in allen Dingen gehorchen sollen?

Bruder Abelard:
>Gott ist Gott! Nur Gott ist wahr!
>Daher gilt es Gott zu folgen
>und denen, die Gott wirklich kennen!
>Gehorsam ist der Thron des Königs!

König Athelstan:
>Wenn das so wäre, wie Ihr sagt,
>Wäre mein ganzes Handeln falsch.
>Ich suche mich selber, den richtigen Weg –
>und sich suche ihn in meinem Herzen.

Bruder Aurin:
>Wo wollt ihr die Wahrheit erkennen
>wenn nicht innen in Euch selber?
>Ihr seid der, der sie erkennt.
>Ihr seid der, der sie begreift.

Bruder Abelard:
>Das ist doch pure Ketzerei!
>Niemand kann die Wahrheit je
>in sich selber finden und sehen!
>Sie wird nur von Gott geschenkt!

Bruder Alaric:
>Die Wahrheit liegt in Gott – wo sonst?
>Doch wir sind auch Gottes Geschöpfe,
>daher liegt das Wahre auch in uns,
>so daß wir Gott-ähnlich sind.

Bruder Abelard:
>Schweigt, Ketzer, schweigt! Kein Wort mehr!
>Die Seele ist Stückwerk und Stückwerk ist blind!
>Nur Gott weiß, was wahr ist und er ist allmächtig.
>Er ist der einzige König der Welt!

Bruder Aurin:
>Meine Seele ist Teil der Schöpfung,
>und sie ist somit Teil von Gott.
>Vermag das Teil nicht das Ganze zu sehen?
>Ist das Teil nicht dem Ganzen verwandt?

Bruder Abelard:
>Bruder Aurin, auch ihr seid ein Ketzer!
>Seht Ihr denn nicht, erkennt Ihr denn nicht,
>daß es nur eine Quelle gibt?
>Daß sie Alles und das Einzige ist?

König Athelstan:
>Ich soll Euch glauben, Abelard,
>ohne Erkenntnis, ohne Verstehen,
>ohne Erleben, ohne meine Herz?
>Worin soll das dann gegründet sein!

Bruder Abelard:
>Im Gehorsam natürlich! Wo sonst?!
>Wenn Ihr dem Einen-Einzigen folgt,
>dann werdet Ihr nie in die Irre gehen.
>Der Gehorsam bringt Euch zum Ziel!

König Athelstan:
>Das heißt, daß ihr sagt, was richtig und wahr ist
>und ich folge stets, folge treu Euren Worten ...
>Sagt, wer sitzt denn dann auf dem Thron?
>Sitzt Ihr dort oder sitz' ich dann dort oben?

Bruder Abelard:
>Keiner von uns zwei sitzt auf dem Thron:
>Gott spricht durch mich, ihr folgt meinen Worten –
>so sitzt der auf dem Thron in der Halle,
>dem der Platz gebührt: Gott selber.

Bruder Alaric:
>Das ist Macht! Nur pure Macht!
>Gott ist Liebe! Gott ist Schöpfung!
>Gott lebt überall in allem!
>Die Vielheit ist der Einheit Leib!

Bruder Abelard:
>Schweigt Ihr endlich, ihr ruchloser Ketzer!
>Gott ist niemals die Schöpfung! Nein!
>Er ist der Schöpfer! Jenseits von allem!
>Und alle Geschöpfe sind blind und taub.

Bruder Aurin:
>Wenn Ihr so blind und taub seid, Bruder,
>wäre dann Schweigen nicht angemessen?
>Wenn wir Gott nicht sehen können,
>sollten wir dann nicht selber suchen?

Bruder Abelard:
    Er hat uns die Wahrheit verkündet!
    Sie steht in seinem heiligen Buch!
    Ihm sind wir zu Gehorsam verpflichtet.
    Nur dieser Weg führt zu dem Guten.

König Athelstan:
    Das klingt ganz so, als ob ich blind
    den alten Worten glauben sollte.
    Sprach der Schreiber denn die Wahrheit?
    Hat er zuvor das Wahre erkannt?

Bruder Aurin:
    Dieser Einwand ist berechtigt.
    Wir vertrauen blind dem Schreiber,
    zunächst mal seiner Redlichkeit
    doch auch seinem klaren Erkennen.

Bruder Alaric:
    Wenn der Schreiber das damals konnte,
    warum dann nicht auch heute wir?
    Er schaute mit seinem offenen Herzen
    und sah, was er dann später schrieb.

Bruder Abelard:
    Nein! Gott war es, der ihm
    diese vielen Bilder sandte!
    Daher war sein Sehen einzig
    sein Gehorsam gegen Gott.

König Athelstan:
    Damit wären wir wieder da:
    Wir sollen Gott und Euch gehorchen,
    da Ihr nur wißt, was Gott will.
    Ihr verlangt den Thron für Euch!

    Und nun schweigt alle! Jetzt sofort!
    Geht in die Halle, ich folge später.
    Geht jetzt, holt Amairgen und Aingeal.
    Wartet in der Halle auf mich. Bis gleich!

die drei Mönche ab

König Athelstan:
>Was nur ist der richtige Weg?
>Ich will nur Gutes für mein Land!
>Streit der Mönche und Druiden …
>Beide glauben fest an sich …
>
>Und ich, der König, was glaube ich?
>Ich glaube an die Liebe, ja,
>Ist Gott und sind die Götter Liebe?
>Was sollten sie denn sonst noch sein?
>
>Sie selber haben uns erschaffen –
>und Eltern lieben ihre Kinder …
>Muß ich dann nicht danach trachten,
>die Liebe in mir selbst zu finden?
>
>Und muß ich dann nicht danach trachten,
>in allem, was ich jemals tue,
>aus dieser Liebe heraus zu handeln?
>Kann ich etwas sicherer wissen?
>
>Doch wie soll ich aus meiner Liebe,
>mein Land und all die Menschen in ihm
>vor Krieg und Leid und Tod beschützen?
>Hilft mir Gott? Helfen die Götter?

König Athelstan ab

4. Akt

1. Szene

- in der Halle des Königs -

es treten ein: Bruder Abelard, Bruder Aurin, Bruder Alaric
kurz später folgen: Druide Amairgen, Lady Aingeal
dann folgt König Athelstan

König Athelstan:
>Ich will wissen, wer von euch
>die Wahrheit sieht und kennt und spricht.
>Daher will ich von euch wissen,
>wie ihr Gott und Dagda erlebt.
>
>Sagt mir, was ihr innerlich seht,
>wenn ihr fern ins Jenseits reist.
>Wer von euch will das beschreiben?
>Wer von euch will jetzt beginnen?

Druide Amairgen:
>Es gibt fünf verschiedene Arten des Sehens:
>Das Licht von außen für die Augen.
>Das schwache Nebel-Licht im Innen,
>das fast immer farblos leuchtet.
>
>Danach folgt die erste Schwelle:
>Die Formen fließen ruhelos,
>Die Formen sind sehr scharf und klar,
>und sie sind fast immer bunt.
>
>Dann folgen die Gestalten im Licht,
>die sichtbar, aber formlos sind.
>Dann kommt das gleißend weiße Licht –
>ohne Teilung, eins und alles.

Bruder Alaric:
>Das erste Sehen ist die Welt,
>das zweite ist der Heilige Geist,
>das dritte Sehen ist bei Christus,
>das vierte ist am Himmelstor,
>
>das fünfte ist Gott Vater selber.
>Das Sehen ist für die Druiden
>und die Mönche stets dasselbe.
>Wir sind in derselben Welt.

König Athelstan:
>So läßt sich die Frage nicht klären.
>Aber eure Antwort gibt Hoffnung,
>denn es scheint doch möglich zu sein,
>das, was ist, recht klar zu sehen.

Bruder Abelard:
>An dem Wesen der kleinen Menschen
>Gott erkennen ... Narrenwerk.
>Nur Gott kann die Erkenntnis geben!
>Alles andere ist finstere Nacht!

König Athelstan:
>Ihr streitet um den richtigen Weg –
>entweder Dagda oder Gott Vater.
>Nun, wir werden es bald erkennen,
>es wird sich schon in Kürze zeigen.
>
>Wählt je einen von euch aus –
>einen für Dagda, einen für Gott.
>Diese beiden werden dann
>auf ihre Art um Hilfe bitten.
>
>Wer von euch will Dagda fragen?
>Wer von euch will Gott befragen?
>Wer die Antwort bringt, die hilft,
>soll der sein, der die Wahrheit sieht.

Bruder Abelard:
>Ich werde Gott um Rat befragen,
>da ihm hier sonst niemand
>die wahre Treue ewig hält
>und ihm vollkommen gehorsam ist.

Druide Amairgen:
>Ich werde zu Dagda reisen und fragen –
>obwohl Ihr schon bei ihm wart.
>Den Streit so bald es geht zu enden,
>scheint mir sehr dringend nötig.

Bruder Alaric:
>Auch ich selbst will Gott befragen,
>da Abelard und ich
>so verschiedener Ansicht sind –
>das kann dann auch entschieden werden.

Lady Aingeal:
>Auch ich werde gehen und fragen,
>dann gehen je zwei für beide Wege.
>Dann geht zumindest eine Frau
>und fragt um Rat auf ihre Weise.

König Athelstan:
>So sei es: Vier, die Fragen stellen.
>Der von euch soll Recht erhalten,
>dessen Antwort die beste ist
>und uns in unserer Sorge hilft.
>
>Ich will wissen, was den Fluch
>und unsere Sorgen lösen kann.
>Welche Haltung ist hier sinnvoll?
>Welche Taten führen weiter?
>
>Betet oder reist ins Jenseits,
>ein jeder, wie er es vermag.
>Ich lasse euch nun hier alleine
>Ich einer Stunde komm' ich wieder.

König Athelstan ab
der Druide Amairgen, Bruder Alaric, Bruder Abelard und Lady Aingeal setzten sich und schließen ihre Augen

2. Szene

- in der Kammer des Königs -

Lady Bláithin ist in der Kammer
König Athelstan kommt hinzu

Lady Bláithin:
    Du hast eben mit den Mönchen
    und mit den Druiden gesprochen,
    Warum war ich nicht mit dabei?
    Bin ich nicht wie die Königin?

König Athelstan:
    Das war nur ein Streit um Götter,
    also nichts, was Dich betraf.
    Ich würde Dich nie vergessen,
    wenn es auch Deine Sache wäre.

Lady Bláithin:
    Wer sagt, was mir wichtig ist?
    Ich oder Du? Kannst Du das entscheiden?
    Ich gehöre auch dazu
    also frag' mich, was ich will!

König Athelstan:
    Ich wollte Dich nicht verletzen
    und Dich auch nicht ausschließen!
    Das waren doch nur Fragen des Glaubens
    und nichts, was Dich betreffen würde.

Lady Bláithin:
>Frage mich, was ich will!
>Denke nicht, daß Du das wüßtest!
>Das ist wie im Bett – Du handelst
>und siehst nicht, wen Du vor Dir hast!

König Athelstan:
>Bláithin – ich will nicht drängen,
>ich will Dich wirklich nicht verletzten!
>Wenn Du so an mir leidest,
>dann gebe ich Dich sofort frei!

Lady Bláithin:
>Nein! Ich bin selber frei!
>Und ich will bei Dir sein!
>Fällt Dir sonst nichts ein?
>Wie ein kleines, verlassenes Kind!

König Athelstan:
>Ich will doch nur das Gute tun!
>Ich liebe Dich, Bláithin!
>Und ja, ich fühl' mich schnell verlassen.
>Und ich will Dich nicht verletzen.

Lady Bláithin:
>Sei bei mir, sei mit mir!
>Sonst gehe ich trotz meiner Liebe!
>Nimm mich mit, wohin Du gehst!
>Wir sind ein Paar, wir gehen zu zweit!

König Athelstan:
>Wie soll das gehen? Alles zu zweit?
>Manches geht doch nur allein!
>Oder nur mit anderen!
>Wir sind ein Paar, aber doch auch zwei!

Lady Bláithin:
>Dann sieh' mich wenigstens an!
>Sieh' mich bei dem, was Du willst und tust!
>Ich bin kein Anhängsel für die Nacht!
>Ich bin ein Mensch! Deine Frau!

König Athelstan:
>Gerade herrscht Streit! Es droht Krieg!
>Ich muß handeln und nicht schauen!
>Und beides kann nicht zugleich!
>Und ich brauche Dich bei mir!

Lady Bláithin:
>Du handelst und ich warte?
>Krieger oder kleines Kind?
>Ist es das, was Du bist?
>Ich dachte, Du wärst hier der König …

König Athelstan:
>Bláithin, was willst Du?!
>Mich zerstören? Mich vernichten?
>Ich bin so, wie ich bin …
>Das kann ich nicht so einfach ändern!

Lady Bláithin:
>Nein, ich will Dich nicht verletzen!
>Ich liebe Dich, Athelstan!
>Ich will nur auch gesehen werden!
>Ist das möglich? Verstehst Du das?

König Athelstan:
>Bláithin, laß uns gemeinsam
>einen Weg für uns suchen!
>Doch jetzt ist keine Zeit dafür –
>Druiden und Mönche warten auf mich.

Lady Bláithin:
>Das Sehen beginnt also damit,
>daß Du mich hier alleine läßt …
>Nun gut, ich warte hier auf Dich,
>bis nach dem Rat, dem Kampf, dem Krieg …

König Athelstan:
>Was soll ich tun, Bláithin?
>Ich kann nicht einfach bei Dir bleiben!
>Ich bin der König! Ich muß handeln!
>Auch wenn es mir das Herz zerreißt!

Lady Bláithin:
>Also gut, dann gehe jetzt,
>doch laß' Dich noch mal umarmen.
>Ich hoffe, daß das alles hier
>ein gutes Ende nehmen wird.

3. Szene

- in der Halle des Königs -

in der Halle sind der Druide Amairgen, Bruder Abelard, Bruder Alaric und Lady Aingeal
es tritt ein: König Athelstan, ihm folgen der Gaukler Awen und Bruder Aurin

König Athelstan:
>Ich sehe, Eure Augen sind geöffnet,
>Seid ihr bereit, mir zu berichten?
>Wer von euch will als erster
>sprechen und seinen Rat mir geben?

Druide Amairgen:
>Mein Rat für Euch ist dieses, König:
>Seid eurer Seele immer treu –
>Ihr habt sie schon gesehen – bei Dagda.
>Dann werden Eure Taten gelingen.

Bruder Abelard:
>Die Wahrheit ist dies – für Euch und für alle:
>Nur wer der Wahrheit folgt, siegt.
>Die Wahrheit ist Gott und sonst nichts.
>Nur wer Gott gehorsam ist, wird siegen.

Bruder Alaric:
>Ich habe dies gesehen, mein Herr:
>Der König ist die Seele des Landes.
>Die Seele sollte das Leben fördern.
>Werdet eins mit Eurem Land.

Lady Aingeal:
>Dies ist das, was ich sagen kann:
>Stets einen Weg mit Herz zu gehen –
>das ist das, was einem Leben
>Richtigkeit und Freude gibt.

Bruder Aurin:
>Mir scheinen die vier Antworten,
>im Wesentlich dieselbe zu sein:
>Dem Herzen und der Seele treu,
>Aus Gott heraus im Reich zu sein.

König Athelstan:
>Ich sehe noch nicht ganz die Haltung,
>die den Fluch und unsere Not
>löst und beseitigt und beendet.
>Wie soll diese Haltung sein?

Gaukler Awen:
>Nun, wie wäre es, mein König,
>wenn Ihr stets zu jeder Zeit,
>einfach allen Menschen zeigt
>wer und was Ihr wirklich seid?
>
>Dann wärt Ihr Eurer Seele treu,
>das wär' gewiß ein Weg mit Herz,
>das würde Gott und Dagda gefallen,
>und Ihr könnt für das Land stets handeln.

König Athelstan:
    Danke, Awen, mein Gaukler,
    Du hast mit gerade gezeigt,
    was mein Weg ist, wie ich gehe –
    Ich habe nun etwas verstanden.

Bruder Abelard:
    Und, König Athelstan,
    wer hat nun recht, wer sprach wahr?
    Ihr wolltet unseren Streit entscheiden,
    dem Besten von uns die Macht überreichen.

König Athelstan:
    Das habe ich so nicht gesagt!
    Und ich habe eure Antworten gebraucht –
    alle vier, nicht nur eine.
    Daher haben alle recht.

Bruder Abelard:
    Ich weiß, daß ich die Wahrheit spreche!
    Ich brauch' nicht Euer Urteil!
    Ich verlasse diesen müßigen Rat!
    Möge trotzdem Frieden werden!

Bruder Aurin:
    Sind wir für die Götter da?
    Sind die Götter für uns da?
    Wir helfen den Ahnen, die Ahnen uns.
    Haben die Götter alle Macht?

Druide Amairgen:
    Die Götter haben andere Macht
    als wir – und deutlich andere.
    Sie helfen uns, aber sie haben
    auch ihren eigenen Willen.

Bruder Alaric:
>Ist das wichtige nicht nur,
>daß König Athelstan nun weiß,
>was er jetzt tuen will?
>Das war die große Frage.

König Athelstan:
>Ja, ich weiß jetzt, was ich will.
>Ich hoffe, daß ich es nicht muß.
>Mein Herz sagt, daß ich soll.
>Und meine Seele, daß ich kann.

Sir Art betritt die Halle

Sir Art:
>Mein Herr! König Cathasach
>naht erneut Eurer Burg
>mit Kriegern und Knechten und Reitern und Wagen.
>Doch sie lagern noch für diese Nacht.

König Athelstan:
>Bereitet alles vor zum Kampf,
>verschließt das Tor, bewacht die Mauern
>und versucht zu schlafen bis morgen,
>der Tag wird hart und blutig werden.

4. Szene

- in der Kammer des Königs -

König Athelstan:
>Bláithin, vielleicht ist dies
>unsere letzte Nacht zu zweit.
>Morgen droht uns Kampf und Krieg
>und vielleicht der kalte Tod …

Lady Bláithin:
>Sprecht nicht so, mein lieber König!
>Unser Leben ist noch nicht zu Ende,
>unsere Liebe hat erst begonnen –
>und Gott und Dagda sind die Liebe.
>
>Kommt, laßt uns das Lager teilen,
>kommt in meine Arme, König,
>komm an meine Brust, mein Freund,
>komme ganz zu mir, Geliebter!

<u>5. Szene</u>

- in der Küche -

die Köchin Aelis, Bruder Alaric, Druide Amairgen, Lady Aingeal
es tritt ein: König Athelstan

Druide Amairgen:
>Danke, daß Ihr gekommen seid, König!
>Wir möchten Euch noch etwas geben,
>was Euch am Morgen vielleicht hilft:
>Den Segen der Göttin Cerridwen.
>
>Der Kessel, in dem sie Tränke braut,
>ist ihr Bauch, der alles gebiert,
>in dem Kessel, in ihrem Bauch
>ist alle Geborgenheit der Welt.

König Athelstan:
>Ja, das kann ich wahrlich brauchen!
>Möge Cerridwen mir beisteh'n –
>morgen und an allen Tagen,
>wenn es für mich noch Zukunft gibt.

Bruder Alaric:
>Unsere Köchin Aelis war es,
>die an Cerridwen gedacht hat –
>sie ist weiser als die meisten,
>die in unserer Burg hier leben …

Bruder Amairgen:
>Legt Euch auf die Bank hier, König,
>auf die dicken, weichen Felle,
>denn wir haben keine Zeit,
>eine Dampf-Hütte zu errichten.

der König legt sich nieder

König Athelstan:
>Halt, holt Lady Bláithin,
>ich glaube, daß sie dabei sein will …
>Aelis, mögt Ihr zu ihr gehen?
>Sagt Ihr bitte, daß ich sie brauche!

die Köchin Aelis geht und kehrt kurz darauf mit Lady Bláithin zurück

Lady Bláithin:
>Danke, daß Du an mich dachtest
>und mich zu Dir gerufen hast –
>Aelis hat mir schon erzählt,
>wen ihr jetzt rufen wollt.

Bruder Alaric:
>Cerridwen, große Göttin,
>nimm unser'n König in Deinen Kessel,
>umgib ihn mit Wärme und Wasser und Stille,
>halt' ihn mit Deiner Nabelschnur.

die Köchin Aelis legt ihre Hände auf den Leib des Königs und beginnt zu singen
die anderen tun es ihr gleich und fallen mit ein in das Lied

Köchin Aelis:
>Cerridwen, Dein warmer Kessel
>hält das Leben, formt es sacht;
>Cerridwen, Dein weicher Kessel,
>läßt Leben wachsen, behütet es sicher.
>
>Cerridwen, Dein warmer Bauch,
>gibt uns allen Geborgenheit;
>Cerridwen, Dein dunkler Bauch
>ist unser aller Ziel und Herkunft.
>
>Cerridwen, Dein Kessel-Trank
>nährt das Leben, stillt die Menschen;
>Cerridwen, Dein Kessel-Wasser
>belebt die Menschen nach dem Tod.
>
>Cerridwen, an Deiner Brust
>haben wir alle als Kind getrunken;
>Cerridwen, an Deiner Brust
>finden wir noch heute Frieden.

sie singen dieses Lied gemeinsam lange Zeit, bis sie schließlich verstummen
König Athelstan öffnet seine Augen

König Athelstan:
>Danke, danke euch allen hier!
>Cerridwen ist hier bei uns,
>bei mir, in mir, sie erfüllt mich …
>Sie hat wortlos mit mir gesprochen …
>
>Liebe zu mir ist meine Quelle,
>Cerridwen ist Liebe zu mir,
>Cerridwen ist Liebe zum Land,
>Cerridwen, Cerridwen …
>
>Ich sehe, wie klein ich trotz allem bin,
>und auch, wie groß ich trotz allem bin …
>ich strebe – und weiß nicht, wie weit ich komme –
>ich gehe Schritt für Schritt – mit Herz …

Dagda gibt mit sehr viel Kraft
und Mut und klaren, weiten Blick;
Cerridwen gibt mir Wärme
und Liebe und Geborgenheit …

Ich bin ein Tänzer und ein Narr,
ich bin ein Gärtner und ein Krieger,
ein Liebender, ein Mann, ein Kind –
und zu all dem auch noch König …

Cerridwen, halte mich,
halte mich, sei nah' bei mir,
stille mich, berge mich, schütze mich, streichle mich,
Cerridwen, in Dir ist Frieden.

Cerridwen, wenn Du mich hältst,
kann ich dem Pfad des Dagda folgen …
Dem Weg der Sonne durch beide Welten –
Geburt am Morgen und Tod am Abend …

Denn ich werde im Leben und im Tod
stets bei Dir sein, Cerridwen;
Du hast mich hier geboren,
und Du wirst mich auch dort gebären …

Cerridwen, in Deinen Armen
kann ich alles willkommen heißen,
was das Leben auch bringen mag,
und kann mir stets die Treue halten …

Druide Amairgen:
Es gibt noch etwas, mein König,
was ich tuen will heut' Abend:
Wir sollten den Pukis, den Landgeistern opfern
und sie um Schutz und Gedeihen bitten.

König Athelstan:
>Ja, laßt uns das tun, Freunde!
>Wir leben von dem weiten Land,
>in dem Land lebt Cerridwen
>und die Pukis an jedem Ort.

6. Szene

- bei den Hügelgräbern hinter der Burg -

er treten auf: König Athelstan, Lady Bláithin, der Druide Amairgen, Lady Aingeal, Bruder Alaric, die Köchin Aelis

König Athelstan kniet nieder und legt beide Handflächen auf die Erde

König Athelstan:
>Ihr Landgeister, ihr Pukis und ihr Ahnen,
>ich habe nur selten mit euch gesprochen,
>denn ich wußte nicht, wie sehr ich euch brauche,
>wie sehr ihr das Gedeihen des Landes fördert.
>
>Helft mir, ein guter König zu werden,
>ein Diener des Landes, ein Priester der Erde,
>lehrt mich, was die Erdherren waren,
>ich will euer Schüler sein.

König Athelstan erhebt sich
der Druide Amairgen kniet nieder und legt seine Handflächen flach auf die Erde

Druide Amairgen:
>Ich bin die Sonne, ich bin das Land,
>ich bin der Wind, ich bin das Grab,
>ich bin die Eiche, ich bin das Reh,
>ich bin die Schlange, ich bin der Farn.

Ich bin das blutige, tötende Schwert,
ich bin der von Stieren gezogene Pflug,
ich bin das Eisen in der Esse,
ich bin das Getreidekorn im Feld.

Der Wind ist mein Atem, die Flüsse mein Blut,
die Erde mein Fleisch, der Fels meine Knochen,
der Himmel mein Schädel, die Wolken mein Hirn,
die Sonne mein Auge, der Mond mein Auge.

Ihr Landgeister seid meine Ahnen,
meine Brüder und meine Schwestern,
helft Athelstan auf seinem Weg,
zeigt euch ihm, lehrt ihn, helft ihm.

der Druide Amairgen erhebt sich
Bruder Alaric kniet nieder und legt seine Handflächen flach auf die Erde

Bruder Alaric:
Pukis, Erdgeister, Landwächter, ihr alle,
ihr Freunde und Lehrer der Erdherren,
eure Liebe hält alle Dinge am Leben,
eure Liebe läßt alle Dinge gedeihen.

Ich bitte euch, laßt eure Liebe
mit der Liebe unseres Königs
für sein Land zusammenfließen,
daß das Land Frieden findet.

Bruder Alaric erhebt sich
Lady Aingeal kniet nieder und legt ihre Handflächen flach auf die Erde

Lady Aingeal:
Ihr Ahnen in den Hügelgräbern,
unsere Vorväter, unsere Urmütter,
helft euren Kindeskindern hier,
das Land zu schützen und zu segnen.

Lady Aingeal erhebt sich
die Köchin Aelis kniet nieder und legt ihre Handflächen flach auf die Erde

Köchin Aelis:
    Liebe Erdgeister, hört mich,
    ihr laßt das Getreide wachsen
    und die Rüben und den Mangold
    und die Äpfel und die Kirschen,

    unser Land ist in Gefahr,
    euer Land ist in Gefahr,
    wir sind in Gefahr,
    gebt uns bitte den Schutz der Erde!

die Köchin Aelis erhebt sich
Lady Bláithin kniet nieder und legt ihre Handflächen flach auf die Erde

Lady Bláithin:
    Ihr Geister der Erde, ich bitte Euch,
    beschützt meinen geliebten Mann;
    uns droht Kampf und Krieg und Tod,
    und wir wollen Leben und Liebe.

Lady Bláithin erhebt sich
alle ab

5. Akt

1. Szene

- Kammer des Königs, es ist früher Morgen -

König Athelstan alleine in seiner Kammer

König Athelstan:
    Cerridwen, Du hast mir gestern
    Deine Liebe zum Land gezeigt;
    ich spüre sie auch in mir
    und sie erfüllt mich wie nie zuvor.

    Ich will alle Dinge tun,
    die ich sehe, die ich vermag,
    um das ganze Land zu schützen,
    um dem Reich Frieden zu bringen.

    Dagda, Du hast mir deutlich
    die Verantwortung gezeigt,
    und meine Kraft und meine Stärke –
    Ich will sie für mein Land nutzen!

    Dagda, ich will mit ganzem Herzen
    nur ein Friedensfürst sein
    und mit allem, was ich habe
    Frieden schaffen in meinem Reich.

    Gott Vater, bist Du allmächtig?
    Dann bitte ich Dich, mir zu helfen!
    Gott Vater, bist Du die Liebe?
    Dann bitte ich Dich, schütze das Leben!

    Gott Vater, bist Du die Freiheit?
    Dann gib' uns bitte eine Wahl!
    Gott Vater, bist Du das Gedeihen?
    Dann sei bitte ein guter Gärtner!

Maria, bist Du Cerridwen?
Eure Geschichten sind so ähnlich …
Geburt und Wachsen und Leben und Tod
und dann die Wiedergeburt der Toten …

Maria, wie ist das Sterben, der Tod?
Sind sie einfach Teil des Weges?
Nimm mich bitte in die Arme!
Ich brauche Halt, Geborgenheit!

Cerridwen und Maria,
ihr habt mir Vertrauen gegeben;
Dagda und Gott Vater,
ihr habt Verantwortung geweckt.

Sind diese beiden die zwei Dinge,
die einen König zum Erdherrn machen?
Der Erdherr wird vom Land getragen
und der Erdherr trägt das Land.

Ich will stets das Beste tun,
was mir nur irgend möglich ist,
und ich will meine Taten stets
mit Liebe zu mir und allem erfüllen.

Ich sehe, wie klein ich letztlich bin,
aber ich will mit dem, was ich habe,
das Größte erschaffen, was ich vermag.
Das ist alles – ist das genug?

Andere müssen da weitergehen,
wo mein Weg schließlich enden wird;
Ich will meinen Teil tragen,
Das Ganze trägst Du, Gott …

Helft mir bitte, stark zu sein,
aber stets auch voller Liebe!
Helft mir, neue Wege zu öffnen,
aber sie auch in Weisheit zu gehen!

Und ich bitte euch von Herzen:
Seid bei mir, wenn mein Ende naht,
denn ich weiß nicht, ob meine Stärke
und meine Liebe reichen wird.

es pocht laut an der Tür, der 1. Türmer tritt ein

1. Türmer:
Es eilt, mein König Athelstan!
Cathasach naht mit seinem Heer!
Er kam herbei im Morgengrauen,
Krieg ruft laut nach Euch und Kampf!

König Athelstan:
Dann ist dieser Tag gekommen,
an dem ich eure Hilfe brauche!
Seid bei mir, wenn ich das nun tue,
wohin mich meine Liebe führt!

2. Szene

- vor dem Tor der Burg -

König Athelstan, Sir Art und der Druide Amairgen blicken auf das nahende Heer des Cathasach

König Athelstan:
Das ist das Heer des Cathasach ...
Und dort steht er mit Schwert und Schild.
Wie kann der Kampf verhindert werden?
Wie kann ich nur Leben retten?

Druide Amairgen:
Ich ahne, was Ihr tuen wollt,
doch ihr werdet hier gebraucht, mein Herr.
Laßt mich statt Euch dorthin gehen.
das Land braucht Euch, mein Herr und König!

König Athelstan:
>Das, was ich nun tuen muß,
>kann niemand außer mir vollbringen,
>es ist an mich allein gebunden,
>nur ich kann diese Schritte geh'n.
>
>Kehrt zurück hinter die Mauern.
>Seid wachsam, doch bleibt völlig ruhig –
>kein Schuß, kein Ruf, kein Wurf, kein Schrei!
>Und betet und bittet für mich, wenn ihr mögt …

Sir Art:
>Mein König, es gibt noch andere Wege!
>Kommt mit uns hinter die dicken Mauern,
>wir haben Brot und einen Brunnen,
>wir können dort lange Zeit verharren!

König Athelstan:
>Das ist nicht mein Weg, Sir Art,
>geht und führt die Männer dort drinnen,
>sie brauchen einen guten Krieger,
>sonst verlieren sie den Mut …

der Druide Amairgen und Sir Art kehren in die Burg zurück

König Athelstan:
>Nun stehe ich alleine hier,
>ein Erdherr nur für kurze Zeit …
>Bláithin, vergibt mir bitte!
>Ihr Götter alle, steht mir bei!
>
>Ich brauche nun mein Schwert nicht mehr,
>ich brauche nun den Schild nicht mehr,
>ich brauche nun den Speer nicht mehr,
>ich brauche nun den Helm nicht mehr …

bei diesen Worten legt König Athelstan die genannten Waffen nieder

Nun führt mein Weg zu Cathasach,
allein und waffenlos – als Erdherr …
Ich kann den König sehen, er wartet
und blickt auf mich, wie ich ihm nahe.

Cathasach! Höre mich an!
Ich steh' hier ohne jede Waffen
und stehe hier allein!
Cathasach! Höre mich an!

Wir beide haben einen Streit –
doch nicht unser beider Männer!
Daher haben in alter Zeit
die Männer Schutz für das Leben ersonnen.

Wenn zwei im Streite miteinander lagen,
kämpften sie auf dem Feld zu zweit –
und keiner ihrer Männer starb
und keine Frau weinte daheim.

König Cathasach:
    Ihr seid mutig, Athelstan!
    Das hätte ich nie von Euch geglaubt!
    Doch warum seid Ihr ohne Waffen,
    wenn Ihr doch mit mir kämpfen wollt?

König Athelstan:
    Ich will nicht mit Euch kämpfen, König,
    sondern die Weisheit unserer Ahnen wahren.
    Ich will Euch ein Wergeld geben,
    für das Leid, daß Euch geschah.

König Cathasach:
    Was für ein Wergeld soll das sein?
    Ihr steht hier mit leeren Händen!
    Und welch ein Wergeld könnte mich
    Bláithin vergessen lassen?

König Athelstan:
>Ich biete Euch das rechte Wergeld,
>doch binde ich das an zweierlei Dinge:
>Laßt Bláithin die Wahl, was sie tut.
>Laßt meinem Volk seine Freiheit.

König Cathasach:
>Wenn das Wergeld passend wäre,
>wären das wahrlich edle Bitten.
>Wenn das Wergeld passend wäre,
>würde ich sie Euch gewähren.

König Athelstan:
>Ich biete Euch, Cathasach,
>mein eigenes Leben als Wergeld an,
>damit meine Bláithin und mein Volk
>in Frieden und Freiheit leben kann.

König Cathasach:
>Ihr gebt mir Euer eigenes Leben
>ohne Schlacht und ohne Kampf?
>Ihr seid nicht feige, Athelstan!
>doch wenig ruhmvoll ist Eure Tat.

König Athelstan:
>Ich suche nicht nach Ruhm und Ehre,
>Ich will Frieden und Raum für die Liebe,
>für Freiheit, für Gedeihen, für lachende Kinder …
>Das ist es, was ich wirklich will.

König Cathasach:
>Das glaube ich Euch, Athelstan,
>doch wie soll ich ein Leben töten,
>das das Leben bewahren will?
>Ihr stellt mir ein übles Rätsel!

König Athelstan:
>Wenn auch Ihr ein König seid,
>der das Leben schützen will,
>dann fragt Eure Ahnen und Götter,
>wie sie Euch zu handeln raten.

König Cathasach:
>Wer seid Ihr, Athelstan?
>Ihr sprecht nicht mehr wie ein Narr,
>ein Tänzer, Trinker und Genießer!
>Ihr sprecht wie einer der alten Druiden!

König Athelstan:
>Ich bin kein Druide, nein,
>ich habe mit den Göttern gesprochen
>und sie haben mir die Liebe zum Land
>und zu den Menschen in ihm gezeigt.

König Cathasach:
>Ich kann nun nicht mehr gegen Euch kämpfen,
>Ich kann Euch auch nicht einfach töten.
>Ich muß Euch hier leben lassen –
>sonst wäre meine Ehre vernichtet …

König Athelstan:
>Ihr könnt alle Ehre haben
>und allen Ruhm in dieser Welt –
>mich verlangt es nicht danach.
>Was braucht Ihr für euren Frieden?

König Cathasach:
>Wenn ich sicher wissen könnte,
>daß mein Handeln die Götter erfreut,
>dann hätte ich Frieden und könnte gehen.
>Doch, schaut – was ist das dort drüben?

König Athelstan:
>Wovon sprecht Ihr, Cathasach?
>Der Apfelbaum hier neben uns,
>der in voller Blüte steht?
>Er trägt auf einmal rote Äpfel!

König Cathasach:
>Das ist gewiß ein Zeichen der Götter!
>Nehmt einen Apfel, eßt ihn, König!
>Auch ich will einen Apfel essen.
>Und alle sollen einen erhalten!

König Athelstan:
>Ruft all' Eure Krieger herbei,
>ich rufe meine Männer und Frauen.
>Laßt das für uns ein Friedensmahl sein!
>Die Äpfel der Göttin mögen uns segnen!

König Athelstan und König Cathasach reichen sich die Hand, rufen ihre Leute herbei und ein jeder von ihnen erhält einen der Äpfel und ißt ihn

3. Szene

- in der Halle des Königs -

alle sitzen in der Halle des Königs und feiern

König Athelstan:
>Ich danke euch Göttern und Göttinnen
>für alles, was ihr mir gegeben habt!
>Ich danke euch allen hier in der Halle,
>was ihr mir gezeigt und gelehrt habt!

König Cathasach:
>Das war wahrlich der seltsamste Kampf,
>in dem ich je gewesen bin –
>und ein Sieg für beide Feinde,
>die nun Freunde werden können.

König Athelstan:
>Dann können wir nun wieder essen,
>trinken, lachen, tanzen, feiern
>und die Schwere fahren lassen,
>die uns jetzt Tag für Tag bedrückte!
>
>Hey Gaukler! Awen! Kommt!
>Laß uns wieder tanzen und springen!
>Den Ernst vergessen und fröhlich sein,
>nicht mehr retten, sondern leben!

Gaukler Awen:
>Ich eile schon, mein Herr, mein König!
>Ich laufe, ich springe, ich rolle, ich hüpfe
>ich komme zum Tanz, doch nicht allein:
>Cathasach, Bláithin,
>
>Amairgen und Abelard,
>Aingeal und Aelis und Sir Art
>und alle anderen, kommt in den Kreis
>und laßt uns das Leben tanzen!